12歳までに「勉強ぐせ」をつけるお母さんの習慣

「こどもみらい塾」塾長
楠本佳子
Yoshiko Kusumoto

CCCメディアハウス

はじめに

わたしが高校3年生のときのこと。大学受験を控え、クラスは少しピリピリモードでした。そんな中、隣の席だった男の子は、まわりの雰囲気とはまるで違いました。受験生とは思えないほど、のーんびりした感じで、カリカリ勉強する様子は微塵もなかったのです。「絶対この人勉強していない」と思っていたのですが、テストの答案が返ってきてびっくり。すべていい点数なんです。

不思議に思ったわたしは、彼に「どんな勉強しているの？」と聞いてみました。すると、「寝転がって教科書を眺めてるだけ」と答えるのです。「そんなバカなことがあるわけない！」と思っていたのですが、その後、彼は優秀な国立大学に合格しました。

時間をあまりかけずに勉強して、優秀になる――。将来、自分に子どもができたら、こんな子に育てたい。では、どうすればできるのだろう？　ここから私の「勉強」に関する探求が始まりました。

大学生になり、家庭教師を始めました。2、3歳しか違わない生徒でしたが、成績が上がると子ども達はこぼれんばかりの笑みを浮べて喜んでくれます。教えるのが楽しくて仕方ありませんでした。

同じ内容を教えるにしても、子どもによって理解度はまったく違いますし、説明の仕方ひとつで、驚くほど反応が違います。

この子には、どういうふうに教えるのがいいんだろう？　そんな試行錯誤を繰り返していたことが、自分の子どもを育てるときにも、役に立ったと思っています。

そうやって娘と息子、2人の子育てをしながら、再び家庭教師に復帰したとき、また新たな発見がありました。

それまでは、「教える」という立場でしか子どもを見ていなかったのが、自分自身も親になったことで、それまで見えていなかった側面が見えるようになりました。親が子どもに与える影響というものが、手に取るようにわかるようになったのです。

勉強ができる子どもと、なかなか伸びない子どもでは、親や家庭に違いはあるのか？という話は、子育て中のお母さんにとっては、非常に気になることだと思います。だから最初にお伝えしておくと、違いは、あります。しかも、はっきりとした違いがあります。

それは、親が「勉強しなさい」と言うかどうか、この一点に集約されます。

その違いが、子どもが自分から進んで勉強するようになるか、どんなに試験が間近に迫ってもまったく勉強しようとしないか、その分かれ道になります。そして、自分から勉強する子どもは、どんどん能力を伸ばしていきますが、親にガミガミ怒鳴られながら、イヤイヤ勉強させられていた子どもは、あっという間につぶれてしまいます。

子どもにとって親はどういう存在なのか、どういう親ならどんな子どもに育つのか。わたしは家庭教師ということもあって、とくに勉強に関して、親の重要さを感じました。

子どもを伸ばすのも親なら、子どもをつぶすのも親なのです。

どんなに生まれ持った能力がすばらしくても、努力をしなければ、その子は伸びていきません。反対に、標準的な能力であっても、ちゃんと努力をした子どもは、どんどん伸びていきます。それを左右するのは、すべて親なのです。

子どもが勉強しないのは、すべて親のせい――とまでは言いませんが、多くの親御さんがよいと思ってやっていることが子どもをダメにしていることも多くあります。くわしくは本文で説明していきますが、親が子どもの勉強に積極的に参加して、あれこれと手助けをしてあげることを勧めたいわけではありません。放任主義がいい、と言いたいわけでもありません。

ただし、「勉強しなさい」と言わずに子どもから進んで勉強机に向かわせるには、中学校入学まで、つまり12歳までが勝負となります。

わたしの子どもたちは、本人の希望通りの大学に入れました。だから、わたしと同じようにすればいい、と言うつもりもありません。わたしが家庭教師や塾講師として見てきた子どもたち・親たちの話も同じです。

本書の内容も大いに参考にはしていただきたいですが、決して、そのまま真似はしないでください。そうではなくて、「あなたの子どもにとっては、どうするのがいちばんいいのか」を探し抜いてほしいのです。

そして、あなた自身が楽になれる方法についても、ぜひ考えてみてください。

子どもが大いに才能を伸ばすと同時に、親も子育てを楽しみましょう。

もくじ

1章

子育てに「正解」はないけれど

ガミガミ母さんにならないために知っておきたい13のこと

2章 子どもを伸ばす「声かけ」の秘訣

質問型コミュニケーションで親も子どももハッピーに

3章

学びの第一歩は「家」にある

「自分から進んで勉強する子ども」が育つ家庭の作り方

4章 「伸びる子」にするためのQ&A

1章

子育てに「正解」はないけれど

ガミガミ母さんにならないために
知っておきたい13のこと

子育てに自信のあるお母さんなんて、どこにもいません

子育ては24時間365日、年中無休です。幼児期には急な体調の変化があるし、小学生になれば学校でのトラブルや心配事が勃発します。何をしたわけでもないのに、毎日があっと言う間にすぎてしまう……そう感じているお母さんは多いのではないでしょうか。

わたしには、いま思い出しても顔面蒼白になるような経験があります。それは息子が3歳のときのこと。市役所で書類を書いていたほんのちょっとの間に、わたしの足元にいたはずの息子が消えてしまったのです！

広い市役所でしたから、最初は控えめに名前を呼んでいたのですが、まったく気配すら感じられません。わたしはだんだん恐ろしくなって、人目もはばからず大声で探し始めました。

もしかして外に出てしまったのだろうか？　それとも誘拐……？　なんて妄想がどんどん広がっていたところ、職員らしき男性が、はるか彼方の階段を指さして「地下の食堂のほうにいましたよ」と教えてくれました。

猛ダッシュで駆けつけると、手すりにすがりつきながら階段を上ってくる息子の姿が目に入ってきました。わたしを見た途端の、満面の笑み。こっちは半狂乱になっていたというのに、ものすごくうれしそうにしている息子。

もう20年以上も前のことですが、無事に息子を見つけて安心したのと同時に、ガックリと疲れてしまったことを、いまでもよく覚えています。わたしがどれだけ心配したか、ひとりになるとどんな危険があるか、どう説明すれば3歳児にわかってもらえるのだろうかと大いに悩んだものです。

いかなるとき、いかなる状況においても、小さな子どもの手を離してはいけません。わかっていることです。それでも、この有り様です。まして他のことはどうでしょう？子育てをしていくなかでは、どうすればいいかわからないことがたくさんあります。正しいと思っていたことが間違っている場合もあります。

子育ては、学校で習うわけではありません。「これが正解」という唯一の方法もありません。ほとんどのお母さんたちが、迷いながら、悩みながら、なんとか子育てをしているのではないでしょうか。

わたしも、まさに試行錯誤しながらの子育てでした。育児や子どもに関する本だけでなく、心理学や脳科学などの本もたくさん読み、自分なりの子育て論とでもいうべきものを模索し続けたのです。そうして、なんとか無事に2人の子どもたちを一人前の大人に育て上げることができました。

そうした自分自身の子育て体験からだけでなく、家庭教師や塾講師として数多くの家庭を見てきた経験から気づいたこと、考えたことをまとめたのが、この本です。

この本がこれから子育てをするお母さんのお役に立てればと願っています。

二度と取り戻せない貴重な日々。だから楽しんで！

子育てを終えたお母さんたちが集まると、ときどき昔話に花が咲くことがあります。あのころはああだった、こうだったと、思い出しながら話をするのも楽しいものです。

でも、どんな集まりのときでも、必ず出てくる話題があります。

「いまから考えると、どうでもいいことに真剣に悩みすぎたわ〜」

「あんなにうるさく言わなきゃよかった」

「焦る必要なんてなかった。もっと時間をかけてあげればよかった」

などなど。思いはみんな共通です。なかには、こんなことを話す人もいます。

「怒りすぎてしまった。かわいそうなことをした……」

あるお母さんが、息子を公園で遊ばせていました。たくさんの子どもたちが滑り台で遊んでいるなか、彼女の息子だけは、滑り台の上に立った途端、怖がって泣き出してしまったのだそうです。他の子どもたちはみんな楽しそうに滑り降りているのに、ひとりだけできないのです。

それを見たお母さんは、「座って降りるだけよ。簡単よ。怖くないよ」と、やさしく言ってあげました。でも、息子はいつまでたっても滑ろうとしない。お母さんはだんだん声を荒げていき、ついには「早く滑りなさい！」と怒り出してしまいました。息子はますます泣き叫ぶ。それでもお母さんは怒りまくる。

お母さん自身、もうどうにも収拾がつかない状況だったと言います。いまとなっては、滑り台ごときで、なぜあんなに怒ってしまったのだろうかと後悔していました。

この話を男性にすると「ひどいなぁ。トラウマになるよ」と口々に言うのですが、わたしには、このお母さんの気持ちがとってもよくわかります。まさか自分の子どもが滑り台を降りられないなんて、思ってもみなかったことに驚き、慌てたのでしょう。

みんなは当たり前にできることが、わが子だけできない。ひとりだけできないと、いっしょに遊べないし、仲間外れになってしまう。そんなかわいそうな目に遭わせたくない。そんな焦りと不安でいっぱいだったのではないでしょうか。

たくさんの思いを抱えながら日々子育てに奮闘しているのは、あなただけではありません。みんな同じ思いです。

こんなに大変な子育てが、いったいいつまで続くのかしら？　と憂鬱になることがあるかもしれません。でも、子どもが大学進学や就職、結婚などで家を出れば、夫婦ふたりきりの生活になります。想像している以上に、時間は早く流れていきます。

子どもたちと笑いながら転げまわったり、スキンシップしながらじゃれ合ったりできるのは、いまだけです。その時間は二度と戻ってきません。子どもとの一日一日を、どうぞ大事にしてください。

そして、そんな貴重な時間を、ぜひ楽しんでいただきたいのです。たしかに子育ては大変だけど、だからこそ楽しむ気持ちを忘れないで。

お母さんは心配性。でも、それは「妄想」かも？

お母さんは子どものことを心配するのが当たり前。それが仕事ではないかと思うくらい、心配の種は尽きません。

もちろん、わたしも心配性。娘が大学進学のために家を出てすぐのころは、メールの返事が来ないだけで不安になりました。あまりにも心配で、2、3通のメールをしたあとで「生きているなら返事して」と書いて送ったことまであります。

あとで娘に聞くと、翌日に提出するレポートのために徹夜していて、母親（＝わたし）の「どうでもいいメール」に付き合うヒマはなかった、とのこと。心配性のせいで、わたしが勝手に「何かあったのかも」と考えていただけなのです。

そんなわたしが思わず膝を打ちたくなったのが、翻訳家で評論家の白取春彦さんが書かれた『頭がよくなる思考術』（ディスカヴァー・トゥエンティワン）のなかにある

「心配は悪と心得よ」の一節です。

あなたは「心配している」と言う。けれども、あなたの心配の中身は妄想である。妄想はあなたの心身を傷つけ、妄想を口に出せば、あなたは相手から軽蔑されるだろう。

たしかに、子どもの身に何かよからぬことが起こったのではないかと、すさまじい勢いで妄想の世界が広がります。その結果、身も心もくたびれ果ててしまいます。

悪いことをあれこれと想像して、いったい何になるのだろうか。心配することは相手を助けることではないのだ。（中略）

心配がまるで実際の心配りであるかのように大きな勘違いをしている。しかし、実際は自分の妄想と遊んでいるだけの人間である。

考えてみれば、不安や心配からは何も生まれません。ただの親の自己満足で、それなのに親にも子にもストレスになるものです。

病気かもしれない、ケガや事故に遭っているかもしれないなど、親なら心配するのが当然です。だから、注意や忠告は必要です。でも、やりすぎは禁物。心配だからと言って、子どもの人生の道筋をつけてやったり、親の言うとおりに生きていくように育てたりすることが親の役目ではありません。

めざしたいのは、子どもが自分で考えて正しい道を選択できるように、失敗しながらも自力で立ち上がって歩いていけるようにすること。

もし「自分は心配しすぎる傾向にあるかも?」と思ったら、いっそのこと、ちょっと子どものことを考えるのをやめてみましょう。

いつでも正しいことを言うのが正しいわけではありません

わたしはかつて、「子どもの前では『正しいこと』を言わなければいけない」と思い込んでいました。

でも、大人になって社会生活を送るうえでは、いつでも正しいことしか言わない「バカ正直」がいいわけではありません。きれい事では済まされないことも、たくさんあります。そういったことを、どうやって子どもに教えればいいのだろうか、と思い悩んでいました。

そんなとき、一冊の本に出合いました。それが、心理学者の河合隼雄さんが書かれた『こころの処方箋』（新潮文庫）です。

実はこの本、子どもたちが小学生のころに通っていた塾で、お勧め本として紹介されていました。小学生でこんな本を読むのか！　と驚きながらも、わたしが読んでみたのです。親子のことばかりを書いたものではありませんが、本当にたくさんの気づきと学びを得ることができました。目次の一部を抜き出してみると……

1　人の心などわかるはずがない
3　１００％正しい忠告はまず役に立たない
5　「理解ある親」をもつ子はたまらない
13　マジメも休み休み言え

この4項目だけでも、ぜひ読んでみることをお勧めします。もちろん、「正しいことを言うな」と言っているわけではありません。でも、いつでも正しいことばかり言っていると、子どもは逃げ場がなくなり、耳をふさぎ、話を聞こうとしなくなります。

この本を読んだおかげで、わたしは、いつでも正しいことを言うのが正解ではないとあらためて認識しました。でも、それは同時に、**子どもに何を教えるべきかは、親がしっかりと考えなくてはいけない**、ということでもあります。

大人の世界には「本音と建前」というものがあります。ある男性は子どものころ、いつも父親から「みんなに平等にやさしくしなさい」と言われていたそうです。ところが彼が結婚することになったとき、父親はこう言いました。

「あんな金のない家の娘と結婚したら、こっちの金をむしり取られる」

子どものころに教えられた道徳的な考えとのギャップに男性はショックを受け、父親に対して不信感を募らせていくことになった、と話してくれました。

家庭によって考え方や方針は違います。他人に迷惑をかけるようなことはいけませんが、自分が心にも思っていないことを、「世間的に正しいから」という理由だけで子どもに教えても仕方ありません。

それに、親が考え方をコロコロと変えるようでは、子どもはどうしていいかわかりませんよね。本音であろうと建前であろうと、**子育ての「軸」と考えていることがあるなら、たとえ子どもが大人になってからでも変えてはいけません。**

子どもに勉強してほしかったら、親がまず最初にすべきこと

もとは赤の他人だった夫婦も、長年連れ添えば、知らないうちに生活習慣や態度、ものの考え方が似てきます。生まれたときからいっしょに過ごしている子どもなら、なおさらです。

常にテレビがついている家庭では、子どももテレビをよく見ます。親が野球中継をよく見ていたら、子どもは野球が好きになるし、親がサッカーをよく見ていれば、子どももサッカーにくわしくなります。

親が運動好きで、いつも親子で運動していれば、当然、子どもは運動が得意になるでしょう。親が図書館や本屋に行くのが好きな家庭では、子どもも本好きになることでしょう。

小さなころから携帯電話が大好きで、中高生になると携帯ばかり見ている子どもの

家庭は、やっぱり親が携帯ばかりいじっているのかもしれません。

わたしは家庭教師として、いろいろな家庭にお邪魔してきましたが、**成績のいい子どもの家には、やはり本が多くそろっています。**新書やビジネス書といった、親が自分の勉強のために買った本など、あらゆる分野の本が並んでいるのです。

わが家では、とくに子どもの成績をよくしようと思ったわけではないのですが、たまたま主人もわたしも本屋に行くのが大好きで、家族で外食したあとは、必ずと言っていいほど本屋に立ち寄っていました。家族4人が、それぞれに好きな本のところに行って眺めたり、時にはいっしょになって本を選んだりして過ごしていたのです。

そのせいか、娘は留学中にも、よく本屋に行っていたようです。わたしが留学先を訪れたときには、お気に入りの本屋を案内してくれました。子どものころに身についた習慣が、海外での生活にもしっかりと残っていて、驚きとうれしさを感じました。

子どもは、親をしっかり見ています。そして、子どもにとっては親＝大人です。自分の親の姿を見て、「大人とはこういうものなんだ」と考えるのです。

どんなことにも一生懸命に取り組む親の姿を見ている子どもは、それを「がんばっている」と捉えるのではなく、それが当たり前なのだと感じます。いつも手抜きして怠けている親を見ていると、それが一般的で、他の家庭もそうだと思い込みます。

親自身が、ふだんから本を読むなどして「勉強」をしていれば、子どもも、勉強するのは当然のことだと思います。そうすれば、口うるさく「勉強しなさい」と言わなくても、自然と自分から勉強するようになるのです。

子どもに直してほしいこと、やってほしいことがあるのなら、まずは自分たち親がお手本になりましょう。お父さんは、家に帰ってから何をしているでしょうか？ お母さんは何をしているでしょうか？

子どもに勉強してほしかったら、親が趣味でも何でもいいので夢中になっている姿を見せる。これが、いちばん効果的です。

「ありがとう」が子どもの自信を育てる

大人も子どもも、自信がなくては何事もできません。勉強でもスポーツでも、何をするにしても自信は必要不可欠です。

では、その自信は、どうやって育てればいいのでしょう？

まず基本となるのは、親の愛情です。

親から愛されていれば、自分は大切な人間だと思えます。親が見守っていてくれると思えたら、子どもは勇気と自信をもって、さまざまなことに取り組んでいけるでしょう。

反対に、もし親から嫌われている、愛されていないと思い込んでいたらどうでしょうか？　自分に対しては自信をもてず、他人を信頼することも難しくなってしまうのではないでしょうか？

高校生を対象とした意識調査で、「自分は価値のある人間だと思う」という問いに「全くそうだ」「まあそうだ」と答えたのは、アメリカが89・7%、中国が87・7%だったのに対して、日本では36・1%だったそうです（一ツ橋文芸教育振興協会、日本青少年研究所／2011年）。国民性の違いもあるのかもしれませんが、それにしても日本の数値の低さには驚いてしまいます。

娘は高校生のとき、カナダに1年間ホームステイしていて、わたしも1週間ほど遊びに行ったことがあります。そのホストファミリーには8歳のお子さんがいたのですが、食事中などに行儀の悪いことをした場合、親は怒鳴ることはせずに、「やってはいけない」とずっと言い聞かせていました。

そして、子どもが親の言うとおりにやめると「Thank you」と言うのです。これは、「言うことを聞いてくれて、ありがとう」という意味だけでなく、「ちゃんとできたね」と子どもの行動を認めてあげる言葉ではないでしょうか。

この家庭だけでなく、ホームパーティーで他の家族たちが集まったときにも、同じ光景を目にしました。親が注意したことを子どもが正しく直すと、親は「Thank you」と言って子どもをほめます。その子が3歳でも5歳でも関係ありません。どんな場であれ、できたことをほめ、認めてあげています。

これには驚いてしまいました。日本で、たとえば電車の座席におとなしく座らない子どもに注意して、きちんと座り直しても、親は何も言わないのではないでしょうか？わたし自身も、そういう場面で何か言った記憶はありません。

日本の高校生の自己評価があまりにも低いのを知ったとき、わたしはこの体験を思い出しました。家庭での習慣も、原因のひとつではないかと思ったのです。

できないことや欠点ばかりに目が行って「注意する」生活と、できたことを「ほめる」生活。日々の蓄積は、子どもの心に大きく影響を与えます。欠点ばかり指摘されていると、子どもは愛されていると感じにくく、自分に自信をもてなくなってしまいます。

もちろん、親は子どもを愛しているに決まっています。でも、それが子どもに伝わっていないことは、案外よくあるのです。**「当然わかっているはずだ」と思わないで、たっぷりと愛情表現することで、子どもの自信を育んであげてください。**

子どもの才能を伸ばす、親の信じる力

あなたは、自分の子どもには将来どのような大人になってもらいたいと考えているでしょうか？　昔と違って何が起こるかわからない世の中です。学歴を積んで大手企業に就職しても、リストラや倒産といった予想もしない事態に巻き込まれるかもしれません。

子どもには、やりたいことを見つけてもらい、それに邁進できる人間になってほしい。生きる気力と、どんな困難にも立ち向かっていける力をもち、自分で考え、自分で道を切り拓くことのできる人間に育てたい。いつでも楽しく笑いが絶えない家庭で、何より、苦労せずに頭が良くなってくれれば最高！

そんな子育てができればいいですよね。

でも、お母さんたちのなかには、こんなことを言う人がいます。

「もともとの頭が違うし……」

「親の遺伝子がこれだから……」

あなたも「自分の子どもはこの程度」と、子どもの限界を勝手に決めてしまっていませんか？　それは、ものすごくもったいないことです。**子どもの能力は、親の想像をはるかに超えています。**

親は、子どもの能力の何％を引き出せているのでしょうか。ちゃんと100％まで引き出してあげられているでしょうか？

ある小学校で、こんな実験が行われたそうです。児童たちに知能テストをして、嘘の結果を担任教師に伝えます。無作為に選んだ数人の児童について、「この子は能力がある」と思わせるのです。実際のテスト結果にはまったく関係ありません。

1年後、驚くことにこの児童たちは、他の子に比べて圧倒的に能力が伸びました。教師が児童たちに期待して行動した結果だと言われています。

親も同じです。子どもの能力を心から信じて期待すれば、そのような目で子どもを見て、より能力を伸ばすような働きかけをするようになります。子どもも、それを意識して行動するようになります。

反対に、子どもに対して「この子はこのくらい」と決めつけると、無意識にそういう態度をとってしまいます。子どもは、それを敏感に受け取ります。そうして中学生や高校生になったときには、「しょせん俺は……」とか「わたしなんかどうせ……」といったセリフが口癖になっているかもしれません。

たとえ口に出さなくても、**親が無意識に思っていることは、子どもには伝わっています。しかも、その結果が出るのは数年後です。**

あなたのお子さんは、あなたが思っている以上にもっとたくさんの能力を持っているんですよ。まずは、あなたが心から信じてあげましょう。

子どもが「帰りたくなる家」になっていますか？

「子どもは遊んでばかりでいいわね」

そんなふうに親は考えます。でも、自分の子ども時代を思い出してみてください。楽しいことだけではありませんでしたよね？　学校でも、友達と遊んでいても、嫌なことはたくさんありました。

そう、人間関係のイザコザがあるのは、大人も子どもも同じなのです。仕事で上司とトラブルがあって、うんざりした気分で家に帰る日もあれば、友達とケンカして、落ち込んで家に帰る日もあります。

だから、せめて家の中だけは、心おだやかに、安心して過ごせる場所であってほしい。

そう思いませんか？

生きていれば、何かとトラブルはあるものです。そんなとき、家に帰った途端、鬼の形相でお母さんから「何やっていたの！」「早く手を洗って！」「早く宿題しなさい！」と言われたら、子どもはどんな気持ちになるでしょうか？

また、妻のそんな怒り顔を見て、怒鳴り声を聞くご主人は、どう思うでしょうか？お母さんが常に怒って、怒鳴っている家があります。お父さん（夫）は、そんな家に帰りたくないから、帰る時間が遅くなります。なかには、あまり帰ってこなくなる場合さえあります。

お母さんはますます機嫌が悪くなり、子どもに当たり散らします。たまに帰ってくるお父さんは、子どもに優しい。当然、子どもたちはお父さんが大好き。お父さんの味方になります。

「母親であるわたしは、こんなに一生懸命に子育てしているのに、子どもときたら、まったく子育てに協力してくれない父親（夫）のほうを慕うなんて、ひどすぎる！」

お母さんはそう言って嘆き、ますます夫や子どもにきつく当たることになるでしょう。どんどんマイナスのスパイラルにはまっていくのです。

子どもには「大人の事情」なんてわかりません。だから、ご主人との関係がどうであれ、**感情のままに子どもに当たるのはやめましょう。**それがどんなに大変なことか、わたしにもよくわかっています。

子どもは、親のことをよく見ています。だから、すぐには理解できなくても、いつか必ずわかってくれます。そして、あなたがどんなときも子どもの味方であったように、子どもがあなたの絶大な味方になってくれます。

子どもが帰りたくなる家。安心でき、落ち着き、癒される家。それを実現するのは、決して難しいことではありません。ただ、**あなたの笑顔があればいいのです。**

お母さんが笑顔で「おかえり」と出迎えてくれる。外で働いているお母さんが「ただいま」と笑顔で帰ってくる。そして、子どものおしゃべりを聞いてあげる。それだけで充分なのです。

子どもへの愛情が「支配」に変わるとき

すべての親は、子どもにいい人生を送ってほしいと願っています。不幸になってほしい、なんて思っている親はいません。いい学校に行って、いい就職先を見つけてほしいと考えている人も多いでしょう。

でも、子どもにとって良かれと思ってやっていることが、実は反対の結果を生んでいる場合もあります。

それを愛情だと思い込んでいるかもしれませんが、ただの親の希望であって、子どもに同じ考えや意思がないなら、それは「支配」です。親の務めだと思って、子どもに「こうあるべき」「こうであってほしい」「なぜこんなことをするのか」「こうであってはいけない」などと考えるのも、すべて親の支配なのです。

ある高校生の女の子は、お母さんから「○○ちゃんはこれが好きなはず」「ここが気にいるはず」「この学校がいいから」と言われて、進路をすべて親の言うとおりに決めました。進路以外にも、親に言われたことなら、自分が本当はどうしたいかを考えもせず、言いなりになってきました。

しかし、いざ親の決めた高校に入ってみると、嫌で嫌でたまらず、勉強をしなくなってしまいました。当然、成績はどんどん低下。でも本人は、何が理由なのかわかっていませんでした。

あるとき先生との懇談で、「それはあなたの意見なの？　親の意見ばかり話してない？」と言われて、彼女ははじめて気がつきました。親の言っていることは、自分のやりたいことじゃない。高校も全然わたしに合わなかった。大学も「ここにしなさい」と言われているけど、自分が行きたいところではない、と。

子どもは親の所有物ではないし、支配されるものでもありません。子どもが思いどおりにならないとイライラするお母さんがいますが、そもそも子どもとは、親の思いどおりにならないものです。

子どものためと思ってしていることは、単なる思い込みかもしれません。愛情とは、支配やコントロールではなく、信じて見守ることです。

そして、もうひとつ考えてほしいのが、自分が年を取ったときのことです。いまみたいに元気ではありません。体も不調かもしれません。

そのときに、自分が子どもにしたことが、そのまま自分に返ってきます。いま怒鳴ってばかりいると、年老いたときに子どもに怒鳴られることになります。支配するような子育てをしていたら、老後は子どもに支配される生活が待っているのです。

いま、子どものことを真剣に考えて、支配ではなく愛情で子育てしていれば、数十年後、どんなに大変な介護が必要になっても、子どもはきっと嫌がらず、心から世話してくれるはずです。

子育てとは、将来の自分のためにすることでもあるのです。そんな視点で、日頃の子どもとの接し方を見つめ直してみてください。

自分を見つめ直す時間をつくるためのヒント

子育て中のお母さんは忙しい。自分自身とゆっくり向き合う時間なんて、なかなか取れるものではありません。でも、**自分の気持ちや心の状態をきちんと知っておくことは、子育てのためにも大切です。**

自分が考えていることや、ふだん子どもに言っていることを書き出してみると、それまで気づかなかったことを発見したり、自分を冷静に見つめ直したりできます。思いつくままに書くだけでも、自分の考えを客観的に見られます。

すると、今後のよい対処方法も浮かんできます。実際、「子どもがわかるように説明できていない」「きつすぎる」などの気づきを得る人がほとんどです。

ゆっくり書く暇なんてないと思うかもしれませんが、一度にまとめてやる必要はありません。5分ほどでいいので、少しずつ書いてみましょう。

さらに、この機会に自分がどんなときにうれしくて、どういうことに幸せを感じるのか、自分の心をのぞいてみましょう。きっと新しい自分を発見できるはずです。でも何を書いていいかわからない、という人のために、いくつか項目を挙げておきます。参考にしながら、「お母さんのための自分発見シート」に書き込んでみましょう。

1 昨日、子どもに何を言いましたか？
2 「こんなこと言っていいのかな？」と疑問に思いながらも、子どもに言ってしまった言葉はありますか？
3 あなたは、どんなときに怒りっぽいですか？ どんなことにイライラしやすいですか？
4 イライラしているときに、つい子どもに言いがちな言葉やフレーズを書き出してみましょう
5 あなた自身がやる気が出た言葉を書き出してみましょう
6 自分が子どもなら、どんな言葉をかけられたいですか？（これをもとに、2

と4を見直してみましょう）

7　子どものいいところを10個以上、書き出しましょう

8　子どもに関して、うれしかったことを書き出しましょう（例：無事に生まれてきてくれた。最初の言葉が「ママ」だった。何かわからないけどプレゼントをくれた。疲れているときに「大丈夫？」と声をかけてくれた）

9　子どもが生まれる前と生まれたあとで、自分が変わったことはありますか？（例：自分がいちばん大事だったけど、自分より大事なものができた。自分ひとりなら主張するけど、子どもに関わることは我慢するようになった）

10　自分のストレス発散方法を、50個を目標に書いてみましょう（例：好きな音楽を聞く。花を飾る。友達と電話でおしゃべりをする。編み物をする。ネットで行きたい場所を検索する。好きなケーキを買ってきて自分だけで食べる。いらなくなった食器をビニール袋に入れて思いっきり割る）

お母さんのための自分発見シート

子育てでいちばん大切なのは、親がブレないこと

子育てでいちばん大事なことは、「親がブレないこと」ではないでしょうか。その時その時で親の言うことが変わると、子どもは混乱します。そして子どもは、自分にとって都合のいいほうに合わせていきます。

たとえば、何かルールを守らせるのであれば、どんなときでもルールを貫く。「自分の機嫌がいいから、今日だけは許そう」なんて考えてはいけません。いつもは「アイスは1個だけ」と言っているのに、ちょっといいことがあった日は「今日は2個食べてもいいわよ」なんて言っていませんか？

いったん2個でもOKと言われた以上、子どもは次からも2個食べたいと言ってきます。それは当然ですよね。だから、どんなに気分が良くても、いつもダメと言っていることはダメ。「親がブレない」というのは、そういうことです。

気分がいいとき、落ち着いているとき、イライラしているときなど、そのときの気持ち次第で子どもに言うことが違う親は多くいます。

とくに、ストレスが溜まってイライラしているときは、ふだん何も言わないことにも怒ってしまいがち。この前は何時間でもテレビを見せてくれたのに、今日は2時間で怒る、などなど。

そんなふうに親の言うことが変わっていると、子どもは「大人っていい加減だな」と思い、もう何も言うことを聞いてくれなくなってしまいます。

人間だれしも、いい日もあれば、嫌なことばっかりと思える日もあります。ストレスだってあります。毎日大変な思いをしているお母さんが、感情に左右されてしまうのも仕方のないこと。

でも、その感情やストレスをぶつけられては、子どもはいい迷惑です。ちゃんと感情をコントロールできて、ストレスを溜めない生活を心がけたいもの。そのために必要なのが、いつでも使える自分なりのストレス発散方法です。

前項でストレス発散方法を書いてもらいましたが、いかがだったでしょうか？　くだらないことでも書き出していくと、また新しいアイデアが浮かんできます。思いついたら、どんどん書き足していってください。

わたしは最近、庭の草むしりをすると不思議と落ち着きます。土をいじりながら、「落ち着くわ〜。わたしって農耕民族なんだなぁ〜」なんて勝手に思っています。

ストレス発散や、ちょっとした楽しみも、日々の生活に追われていると忘れてしまいがちです。とくに気分が落ち込んだときは視野が狭くなっているので、思い出すことができません。そんなときにさきほどのリストを読み返してください。

子どもに対する思いや言葉も、自分が思っている以上に忘れています。「そういえば、前にこんなことを言ったっけ」「昔はこんなふうに注意していたんだ」と驚くこともあるでしょう。でも、子どもは結構しっかり覚えていますよ。

ストレスを発散するのと同時に、自分自身のことも、ちゃんと忘れないようにしてください。

子育てを楽しむために、たまには子育てを忘れてみよう

どんなに子育てに忙しくても、時には自分の時間をもって、子どもへの態度や自分の思いを確認し、ストレスを溜めないように気をつけて、ちゃんと感情をコントロールして、子どもに当たらないように、いつでもブレないように……。

なんて大変なの！　いまでも十分に大変な毎日なのに、もっとたくさんのことに気をつけなくてはいけないなんて、わたしには無理。

そう思った人も多いのではないでしょうか。でも、それは少し違います。

たしかに、これらのことは気をつけてほしいのですが、だからと言って、お母さん自身が苦しくなってしまっては本末転倒。子育てに必死で、苦しい思いを抱えている方は多いのですが、子どもだって、毎日そんなお母さんを見るのはつらいですよね。

あまりにも子育てに没頭して、必死になりすぎるくらいなら、いっそ何もしないほ

うがいい。少し大胆ですが、わたしはそう思います。

もちろん「育児放棄（ネグレクト）」は論外。そうなるくらいなら、多少つらいけれども「ガミガミ母さん」のほうがマシです。この点は間違えないでください。

でも、お母さんだってひとりの人間です。**自分の人生を大切にすることを忘れないでほしいのです。**そのほうが、子どもにとってもいい影響を与えます。

わたしは昔から洋裁が趣味で、子どもたちが小学生になってからは、主人がいない夜に「家事しない宣言」をして、ひとりで洋服作りに没頭することがありました。だれにも邪魔されずに、ひたすらミシンを動かせる幸せ！

子どもたちも、その日は自分たちで夕食を用意することになるので、喜んで冷蔵庫をのぞいては、「あれを作ろう」「これ食べたい」などと話し合っていました。

「お母さんはこんなに○○（わたしの場合は洋裁）が好きなんだな」という認識を子どもたちがもつことは、とても大切です。

なぜなら、**親自身が没頭できる趣味をもっていれば、子どもはそれを普通のことと考えて、自分も何か没頭できる趣味を見つけたい、と思うようになるか**

らです。ひょっとすると、その趣味から新たな才能が目覚めて、子どもの将来を大きく変えるきっかけになるかもしれません。

そうでなくても、何かひとつのことに打ち込むことの効用は、ここで多くを語る必要はないでしょう。もちろん、勉強にも生きてきます。好きなことについてなら、いくらでも調べたり学んだりできる。その習慣が勉強につながるのです。

もうひとつ大きな効果は、何と言っても、子どもが何かに打ち込んでくれれば、親が楽なんです！

子どもが大好きな習いごとに行っている時間は、わたしにとってのフリータイム。本を読んだり、次に作りたい洋服の生地を買いに行ったり、おしゃれなカフェでお茶したり。

そんな時間、もうずっとないわ……と思った方は、ぜひ自分の趣味をもってみましょう。そうすれば、ストレスも溜まりにくくなるし、毎日を楽しく過ごせるようになるはず。その姿を、ちゃんと子どもに見せてあげましょう。

成功にルールはない。でも、失敗の法則は同じ

世の中には、たくさんの育児書・子育て本があります。この本も、めでたくその仲間入りをしたわけですが、「もう他の本は読まなくていいので、この本だけ信じてください」なんて言うつもりはありません。

なぜなら、子育てに正解はないからです。この本に書いていることも、「こうしたほうがいいと思う」という提案であって、すべてのお母さん・子どもに適切なアドバイスにはならないでしょう。

どうして子育てを学校で教えてくれないのだろう？　と思うことがよくあります。保健体育で性について教えるのだから、家庭科で子育ての基本を教えてくれたって良さそうなものです。

わたしは家庭教師や塾講師として、たくさんの子どもたちと、その親たちを見てきました。その経験から、伸びる子どもの家庭（親）には、多くの共通点があることを知りました。同じように、なかなか伸びない子ども、能力はあるのにつぶれてしまう子どもの家庭（親）にも共通点があります。

子育てに限らず、どんなことにも「成功のルール」なんてありません。でも、失敗するのは同じパターンです。

だから、この本で伝えることをそのまま真似しても、うまくいく保証はありません。けれども、**「これはダメ」という注意点は、どんな家庭の、どんな子どもにも当てはまる**ものだと、わたしは考えています。

人が育つ環境は、同じ親から生まれたきょうだいであっても、まったく同じということはありません。生まれもったものも違えば、どんな人間になるかも違います。

大事なのは、あなたの子どもにとって、どうするのがいちばんベストなのか、ということです。どうすれば、あなたの子どもは自分から勉強するようになるのか。どうすれば、あなたの子どもの能力を伸ばしてあげられるのか。

あなたの子どもにとっての正解を探す努力を惜しまないでください。ふだんの会話ひとつでも、叱るときの言葉遣いでも、どうするのが「その子にとっていちばん効果的か」を常に考え抜いてほしいのです。

勉強の仕方や習い事、あるいは家での過ごし方などについても同じこと。どこかのだれかにとっての正解ではなく、あなたの子どもだけの正解があるはずです。

根が真面目なお母さんほど、たったひとつの答えを追い求めて、自分を追いつめてしまいがちです。でも、言い方を変えると、正解は無数にあるわけです。宝探しのような気持ちで、あれこれ挑戦してみましょう。

慣れないと大変かもしれません。でも、そうすることが子どもを伸ばす近道になりますし、あなた自身も楽になります。無意味に怒ったり、無駄な心配をしたりする必要がなくなるからです。

この本には、**あなたと、あなたの子どもを「楽に」「楽しく」するヒントが入っている**——そう思ってください。ひとつがダメでもあきらめないで。子どもの将来だけでなく、あなた自身の人生のためにも。

2章

子どもを伸ばす「声かけ」の秘訣

質問型コミュニケーションで
親も子どももハッピーに

子どものやる気をつぶす、最強の言葉とは？

あなたは昨日、一日の中で子どもに何回「しなさい」と言いましたか？　「起きなさい」に始まって「食べなさい」「片づけなさい」、そして「寝なさい」まで、数え切れないほどの「しなさい」を言っているのではないでしょうか。

「早く勉強しなさい」「いまからやろうと思っていたのに！」というやりとりは、親子の間でよくあるパターンです。お母さんは、「嘘ばっかり。やる気もないのに言い訳ばかりして」と心の中で思っているかもしれません。

たしかに、やる気はなかったかもしれません。でも、それは親のせい。なぜなら、**「しなさい」という言葉が、子どものやる気をつぶしているからです。**

脳科学者の茂木健一郎さんが、『結果を出せる人になる！「すぐやる脳」のつくり方』（学研パブリッシング）という本の中で、「命令されると、脳は自分から動けない」と書いています。

誰でもそうだと思いますが、仕事でも勉強でも、他人に言われてからやるのではなく、目の前の課題を「やりたいからやる」というほうが、すぐ行動できます。なぜなら人間は、一度「やらされている」と受け身に感じてしまうと、脳が抑制されて前頭葉を中心とする「やる気の回路」がなかなか働かなくなるということが、脳科学でも証明されているのです。

つまり、**親が「しなさい」と言えば言うほど、子どものやる気はどんどん低下していくことになるのです。**

反対に、「しなさい」と言われて「ハイ、わかりました」と、すべてお母さんの言うとおりにする子どもがいたらどうでしょう？　その子は、自分で考えて行動することのできない人間になってしまいます。お母さんの言うことを全部聞いていたら、本当の意味での「賢い子」にはなりません。

ときどき「親の言うことを聞きなさい」と言ったかと思うと、子どもが質問してきたら「自分で考えなさい」と言う親がいます。子どもからすると「どっちなの?」という感じですよね。

親の言うことを聞くように日頃からしつけていると、どうすればいいか、子どもは常に親に質問してくるようになります。自分で考える力をなくすのです。

「しなさい」という言葉を言うたびに、子どもの「やる気」を奪っていることを肝に銘じておきましょう。そして、本当に必要なときにだけ使うよう心がけましょう。

「早くしなさい」が、受験を失敗させるかもしれない？

「早くしなさい」というフレーズは、お母さんがもっとも多く使っている言葉のひとつではないでしょうか。「早く起きなさい」「早く顔を洗いなさい」「早く食べなさい」「早く寝なさい」……いったい毎日何回の「早く」を言っているでしょう。

でも、もしあなたが、母親（または姑）に四六時中くっついてまわられて、「早く起きなさい」「もっと早く料理を作りなさい」「どうしてそんなにトロくさいの。早くしなさい」と言われ続けたら、どうでしょうか？　ものすごいストレスで、逃げ出したくなりますよね。

お母さんたちも忙しく、時間に追われているのはわかります。でも、口癖のように「早くしなさい」と言うのを、少しだけでも減らしませんか？

それよりも、**まずは「丁寧にきちんとできる」ことをめざしましょう。**どんなことでも、丁寧にきちんとできるようになってはじめて、早くできるような努力や工夫をできるようになるのです。

「早くしなさい」と常に言われ続けた子どもは、何かに追われた状態でいることが習慣になってしまい、いつも焦ってばかりいます。

これが大人になっても抜けません。常に急かされている気分でいるので、何をやってもおおざっぱで、いい加減になってしまいます。決して、物事を「すばやく」「きちんと」できるようになっていないのです。

小さい子どもなら、いつも慌てて靴を履くため、かかとを踏む癖がついてしまうこともあります。部屋の片づけも、どんなにすばやく済ませられても、何がどこにあるかわからないようでは、何の意味もありません。

勉強も同じです。「早くしなさい」の弊害は、とくに受験のときに表れます。

受験では、名前を書き忘れたとか、解答欄を間違えたといったケアレスミスが、致命傷になることがあります。たくさん勉強して、難しい問題も解けるようになったのに、こんなささいなミスで点数を落とす子どもが実際にいるのです。

こうしたケアレスミスも、親の育て方次第で減らすことができるのではないかと思うのです。小さいころから「きちんと丁寧に」と言われてきた子どもと、ただ「早く」と言われ続けた子ども。どちらがケアレスミスをしないかは、おわかりですよね。

あるお母さんは、学校の先生との懇談で「ケアレスミスをなくすには、どうすればいいですか？」と聞いたところ、「性格を直すしかない」と言われたそうです。

そう言われても、性格を変えるなんて大変です。子どもも親も、ふだんの考え方から生活全般まで変えなければいけませんし、中高生になってからでは至難の業。

だから、**子どもが幼稚園や小学生のうちに「きちんと丁寧に」する習慣を身につけさせ、それから徐々に「早く」していくよう指導してあげてください。**

本当に急がなければいけない場面じゃないのに「早く」と言いそうになったら、ぐっと我慢です。

「しなさい」から「どうする？」へ
――質問が子どものやる気を生む

人間の子どもは、生まれてきたとき、他の動物のようにすぐに立つことができません。それどころか、泣く以外はまったく何もできない状態です。親や大人がすべてやってあげないといけません。

そこからひとつずつ、いろいろなことを教えて育てていくわけです。だから、お母さんたちはどうしても「こうしなさい」「ああしなさい」と指示してしまいます。当然と言えば当然、やむを得ないことです。

でも、子どもが何歳になっても、親がすべて指示しているのはどうでしょう？　指示や命令ばかりされていると、自分で考えて動ける人間にはなりません。良い人生になるようにと願って指導していることが、かえって子どもが将来ひとり立ちするのを難しくしているかもしれないのです。

お母さんが子育てに熱心であればあるほど、子どもの人生は苦しくなってしまう。そんな家庭をよく見ます。むしろ「野放し」と言えるくらいのほうが、子どもは生きとして、勉強も本人がやろうと決意すればグングン伸びていく場合もあります。
「親が熱心で真剣に取り組んだほうが、子育てはうまくいかない」なんて、そんな悲しいことはありません。言うまでもなく、熱心なのが悪いわけではありません。でも、熱心に子育てすることは、何でもかんでも指示することではないのです。

では、どうすればいいのでしょうか？

答えは、「しなさい」という命令を、「どうする？」という質問に変えるのです。たったそれだけのこと？　と思うなかれ。
たとえば、いつも「早く寝なさい」と言うところを、「今日は何時に寝る？」と質問します。そして、寝

る時間を子どもに答えさせます。子ども自身が決めることがポイントです。決して、お母さんに言われた時間に決めるのではありません。

なぜなら、人に決められたことや命令されたことは、やる気を奪うからです。反対に、自分が決めたことなら、やろうと思います。自分自身で決めさせることで、子どものやる気をアップすることができるのです。

「勉強しなさい」であれば、「勉強どうなっている?」「いま勉強で困っていることは何?」といった質問にするだけで、ただの命令から、子どもの話を引き出すきっかけにもなります。

さらに「宿題しなさい」ではなく、「今日の宿題は何?」「どれが大変で、どれが簡単?」「何から始めるの?」「今日の計画を立ててみたら?」と、**質問プラス提案**をしてみましょう。そうやって、子どもが自分から動くように「誘導」していくのです。

自分が決めたことなら、やったあとの達成感もまったく違います。人に言われたことをやり終えてうれしいのは、本人ではなく命令したほうです。**自分で決めたこと**

をやり遂げるから、達成感や喜びがあるのです。

嫌々やるのと達成感をもちながらするのでは、大きな差が生まれます。日々達成感があれば、勉強することが苦痛ではなく、むしろ楽しくなってきます。そうすれば、親が何も言わなくても、自分から進んで勉強するようになることでしょう。

親の質問で、子どもの答えは変わる

子どもが学校から帰ってきたとき、「学校どうだった？」と聞くお母さんは多いようです。それで話してくれる子どもならいいのですが、この質問、おおざっぱすぎて答えにくいものです。

たとえば「今日は○○ちゃんと遊んだの？」とか「お昼休みは何をしたの？」など具体的に質問すると、子どもも答えやすくなります。

このように、質問によって答えは変わってきます。だから、子どもにたくさん話してほしいなら、たくさん答えられるような質問をしなければいけません。子どもがたくさん話してくれるかどうかは、**親の「質問力」**にかかっているのです。

子どもがたくさん話してくれれば、親は子どものことをもっとくわしく理解することができます。自分は子どものことをよくわかっている、と思っているかもしれませんが、ほとんどの親は「思い込み」で子育てをしています。

生まれたばかりの子どもなら、四六時中いっしょにいるので、文字どおり子どもの「すべて」を知っている、と言えるかもしれません。でも、幼稚園から小学校、中学校と進むにつれて、いっしょにいない時間がどんどん増えていきます。

子どもには、親の知らない世界があるのです。

そのことに気づかないまま子育てをしても、いつまでたってもうまくいきません。子どもが何を考えているのか、いまはどういう状況にいて、どんなことに興味をもっているのか。そして、どんな悩みや不安を抱えているのか。

そうしたことを知るチャンスとなるのが、子どもとの会話です。でも、「どうだった？」のようなあいまいな質問では答えづらいし、「イエス／ノー」で答えられる質問だと、その一言で終わってしまいます。

子どもが答えやすいような質問をしましょう。「どうなの？　どうなの？」と問い詰めても、子どもは答えてくれません。それどころか、固く口を閉ざしてしまうかもしれません。

たとえば、「今日は寒かったけど、教室の暖房は入っているの？」「今日の給食の〇〇って、どんな味だった？」などで始めるのもいいと思います。抽象的な話題ではなく、**より具体的な質問が大事です。**

子どもが答えてくれたら、さらに具体的な質問をして、どんどん話を広げていきます。「いつ？」「どこで？」「だれが？（だれと？）」「何を？」「どのように？」「なぜ？」という5W1Hで質問するのもいいでしょう。

「今日は〇〇ちゃんと遊んだの？」に「うん」と答えたら、「いつ？　お昼休み？それとも放課後？」と聞く。「お昼休み」と言ったら「何をしたの？」というふうに、少しずつ子どもの話を引き出していくのです。

中学生になると反抗的になり、どんな質問をしても「うるさい！」と言うだけで、何も話してくれなくなります。**学校での様子をくわしく聞けるのも小学生までなので、ぜひ子どもが話したくなる「うまい質問」を心がけてください。**

質問に答えることで、「考える力」が身についていく

人は質問されると、それに答えようとして考えます。つまり頭を使うのです。親がたくさん質問をすれば、子どもの「考える力」を養うことにつながります。

最近の子どもは、何かトラブルが起きたときにちゃんと説明ができない、と中学校の先生がなげいていました。就職の面接試験で、質問に対して的確な答えを言えない大学生も多いと聞きます。

こうしたことは、小さいころから「質問に答える」という習慣が身についていないことが原因ではないでしょうか。テストで正解を覚える癖がついていて、質問のポイントをうまく理解できていないのかもしれません。

子どもとの日々の会話に質問を取り入れることは、答えを出す練習にもなります。

と言っても、むずかしいお題を与える必要はありません。学校でどういうことがあったのか、そのときどう思ったのかなどを、質問によって聞き出していくのです。子どもは、何て答えようかとあれこれ頭をひねり、いろいろな言葉を駆使するようになるでしょう。

その状況を知らない人にくわしく説明するのは、案外難しいものですよね。学校の話も同じで、お母さんは同級生や先生について、すべてを知っているわけではありません。そんなお母さんにもわかるように答えるために、子どもは頭を使うのです。

人に話すことによって頭の中が整理され、考えが明確になり、行動しやすくもなります。大人でも、人と話すことで、ごちゃごちゃだった頭がすっきりしたり、考えがまとまったりした経験があるはずです。

さらに、学んだことが脳にもっとも定着するのは、人に説明したときだと言われます。だから、勉強した内容についても、ぜひ積極的に聞いてください。

本を読んだり、映画を見たりしたときも、その感想を聞くことが大切です。どういう内容だったのかを親に説明することで、もっと理解が深まります。親にとっても、子どもの好みや、どんなことに感動するのかを知る機会になります。

お母さんたちとの会話で、「うちの娘はこの本とこの本が大好きなんです」という話をすると、よく驚かれることがあります。「自分の子どもの好きな本なんて知らない」と言うのです。それって悲しくないでしょうか？

ふだんから子どもとちゃんと会話していれば、そんなことはないはずです。親からの一方的な質問ではなく、子どもが自分の頭で考えたことを、自分の言葉で話せるように、質問によってうまく「誘導」していきましょう。

そのうち、こちらは何も聞いていないのに、その日あったことを全部話さないと気が済まない！　というくらい、何でも話してくれるようになるかもしれません。

「聞く」ことが子どもの自信を育てる

ここでちょっと、ふだんの子どもとの会話を思い出してください。子どもから話しかけられるよりも、自分から話すことのほうが圧倒的に多いのではないでしょうか？　お母さんは忙しい。しかも子どもが何人もいると、いちいち話を聞いている時間なんてない、というのが本音です。次から次へとやることがあるし、あっちでもこっちでもトラブル発生。大変な毎日を送っていることでしょう。よくわかります。

たとえば台所に立っているとき、話しかけてきた子どもの目も見ずに、「ママは忙しいからあとで」と言った経験はないでしょうか？　これと同じ状況を、わたしが主宰しているセミナーで、お母さんたちに体験してもらったことがあります。

2人一組になって、ひとりがもう一方に話しかけるのですが、話しかけられたほうは絶対に相手の目を見ないで、そっぽを向いたままでいます。すると、2分もたたずに、話しかけているほうが悲鳴をあげます。「無理です。話し続けられません」

そして、口々にこう言います。「こんな思いを子どもにさせていたんですね……」

実際に経験してみるとわかるのですが、自分が話しかけているのに、相手は目を合わせてもくれずに他のことをされるのは、想像をはるかに超えた打撃です。相手は自分の話に興味がない、つまり自分に興味がない、自分は大切にされていない。そういう感覚を生んでしまうのです。

親に話を聞いてもらえないと、子どもは疎外感に包まれます。自分なんかどうでもいいのだと、自分自身の価値を低下させてしまいます。親の愛情を感じることができずに、自信をもてない子どもになってしまうのです。

反対に、ちゃんと話を聞いてもらえると、子どもは安心できます。信頼感も生まれ、愛情も感じます。

ただし、注意したいことがあります。それは表情です。たとえば「給食当番サボった」「帰りに寄り道した」などと言われても、決して怒り顔にならないこと。子どもは親の一瞬の表情も見逃しません。それだけで話したくなくなってしまいます。

コミュニケーションでは、言葉よりも話し方や声のトーン、顔つきなど非言語の要素によって、受ける印象が大きく変わります。だから、必ず笑顔で聞いてください。

毎日少しの時間でいいので、子どもの話をしっかりと聞いてあげましょう。夕食のときなど、子どもの目を見て、笑顔で話を聞く時間をとってください。

親子のコミュニケーションはとても大事です。中学生になると子どもは反抗期になり、親の話は聞いてくれないし、自分の話もしてくれなくなります。だから、大事な話や大切な相談をしやすい雰囲気を、小さなときから作っておきましょう。

そのために必要になってくるのが、親の上手な質問なのです。子どものやる気を生み、考える力を養い、自信をつける質問力を、どんどん磨いていきましょう。

「○○してはダメ」は、禁断の果実

わたしの息子がずっと憧れ続けて、どうしても食べたかったものがあります。それは、コンビニのサンドイッチ。これは息子が大きくなってから、ふとしたきっかけで教えてくれた話です。

「小さいころ、パン屋さんのサンドイッチは食べたことがあったけど、コンビニのサンドイッチは食べたことなかったじゃん？　だから、食べたくて食べたくて。小学校の高学年になって塾に行き始めて、自由に買い食いできるようになったとき、いちばん最初に買いに行ったんだ」

そんなことを考えていたなんて、わたしはまったく知りませんでした。

コンビニのものは食べるな、と厳しく禁じていたわけではありません。ただ、「そういうものはよくない」という雰囲気は出していたのかもしれません。わたしが買って帰ることもなかったので、子どもながらに敏感に感じ取っていたのでしょう。

わたしは驚きながらも、「それで、どうだった？　おいしかった？」と聞いてみました。するとﾞ、息子はこう答えました。

「まずかった!!（笑）　家で食べていたサンドイッチのほうが、ずっとおいしかったよ。なんであんなに憧れていたのかなぁ～」

母親としては、ほっと一安心です。

ただ、本当にそれほど「まずかった」のかと言えば、そうではないと思います。たぶん、普通の味だったのではないでしょうか。しかし、それまで憧れ続けて、絶対においしいはず、ほっぺが落ちるくらいの美味のはず！　と妄想してきたせいで、そのギャップで「まずい」となってしまったのでしょう。

（ちなみに、いまでは家族全員で「どこのコンビニのおでんがおいしい」などと語り合っています）

「食べたらダメ！」と思えば思うほど妄想が膨らみ、余計に憧れてしまいます。

あのアダムとイブだって、リンゴが禁止されていたからリンゴを食べたのであって、もしナシが禁止されていたら、ナシを食べたことでしょう。何も言われていなかったら、リンゴに対して何にも思わなかったはずです。他のフルーツと変わりません。

でも、「ダメ」と言われた途端、それまで意識もしていなかったリンゴが他よりもおいしそうに見えてきて、食べたくて仕方なくなります。

禁止されると、それがくだらないものであろうが何であろうが、人は興味を持ち、魅力を感じてしまいます。そのことは、自分自身に置き換えてみると、よくわかるのではないでしょうか。まだ分別のつかない子どもなら、なおさらです。

だから、子どもにしてほしくないことがあるときは、よく考えてから禁止するようにしましょう。親の「ダメ」が、かえって子どもに魅力を感じさせるきっかけになっているかもしれませんよ。

「子どもを叱っていい場面は2つだけ」の理由

娘が幼稚園に通い始めたころ、保護者懇談会がありました。そこで言われたのが「叱る場面は2つだけ」というルールでした。具体的には次の2つの場面です。

- **自分の命にかかわるとき**
- **人に迷惑をかけるとき**

「それ以外で親が子どもを叱るのは、すべて親の都合ではないですか？　子どもを怒ったり叱ったりする場面は、実はそんなにないものです」と言われたのです。

最初は戸惑いましたが、たしかに、日常生活を振り返って子どもの目線で考えてみると、「なぜ叱られなくちゃいけないの？」「どうして怒られるの？」と疑問に思えるような場面は多い気がします。

たとえば、洗濯物をたたんで少しの間、床に置いていたとします。それを、子どもが走ってきて蹴飛ばしてしまいました。あなたならどうしますか？　思わず怒ってしまいませんか？　でも子どもから言わせれば、「そこに置いているのが悪い」「サッサと片づければいいのに」となるでしょう。

ちょうどそのころ、わが家はマンションの5階に住んでいました。ある日、部屋に入ると、当時3歳の息子が出窓によじ登り、おもちゃを外に落としていたのです！

それを見たわたしは、悲鳴をあげたいのをグッと我慢。こちらを振り返った瞬間、バランスをくずして窓から落ちるかもしれません。無言で駆け寄り、抱きかかえて床におろしました。幸い、外には通行人がいなくて何事もなかったからよかったものの、本当に汗が噴き出ました。

高いところから物を落とすと、下の人にぶつかって危ない。これは常識です。でも、常識も何も知らない子どもに、どうやって理解させればいいでしょう。そもそも、ある程度の年齢にならないと理解できないことも、たくさんあります。

出窓に上ることについても、最初は厳しく言おうかと迷いましたが、禁止したら余計に魅力的に感じるのではないかと思い直し、あえて何も言いませんでした（その代わり、子どもが起きているときは窓を開けないことで対処しました）。

子どもがどんなに悪いことをした場合でも、叱ることが必ずしも正解ではない場面もある、ということです。叱ることで、ある意味「威嚇」してやめさせるほうがいいのか、静かに教え諭すほうがいいのか。あえて何も言わないほうがいいのか。どっちなら子どもはわかってくれるのか。

自分が子どもだったらどう思うか？　これは親の都合ではないのか？　親には非がまったくないのか？　そもそも子どもが理解できるのか？　そんなふうに考えることが大切です。

もちろん、厳しく叱る場合がいいときもあります。やさしく教え諭すほうがいいときもあります。どうするのが子どもにとっていちばんいいのかを、口に出す前に考えるようにしてみてください。

伸びる子どものお母さんは「ほめ」の天才

お母さんが「ほめ」の天才になったら、子どもの力を伸ばすのに、これほど強力なことはありません。子どもは、その気にさせるとどんどん伸びます。大人と違って吸収が早いので、驚くほど上達することもあります。

とくに、**だれかに強制されてやることではなく、自分が選んで楽しくやっているものは、大事にしてあげてください。**自発的に取り組むことが、脳科学的にも心理学的にも良いことなのです。

ほめられると、子どもは安心感と自信を持ちます。そうすると「他のこともがんばろう」「もっとよくしよう」と考えるようになります。やる気も出てきて、集中力も高まります。だから理解力も上がり、学習能力も上がります。

するとまた、親にほめてもらえる。こうしたプラスのスパイラルで、さらに伸びていくのです。

反対に、親が怒ると、子どもは緊張感と恐怖を感じます。不安な気持ちになり、自信もなくしていきます。話を聞くのが嫌になり、逃げたくなります。どうにか親の怒りをかわそうと、言い訳ばかり考えるようになります。

やる気も失い、集中力も下がります。だから理解力も下がるし、学習能力も下がっていきます。そして、また親に叱られる……というマイナスの連鎖が起こるのです。

叱ってはいけない、ということではありません。他人に迷惑をかけたときや、危ないことをしたときなどは、きちんと叱ってください。ただ「ダメ」と言うのではなく、**なぜダメなのか、しっかりと説明してあげてください。**

親が当然と思うことでも、子どもにはわからないことがたくさんあります。だけど、親がきちんと説明すれば、思っている以上に子どもは納得してくれます。

そして、ほめるときは、もともと持っている能力や才能ではなく、**がんばったところをほめてあげてください。**能力をほめると、「自分はやらなくてもできる」と思い、何もしなくなる子どももいるからです。

プラスのスパイラル

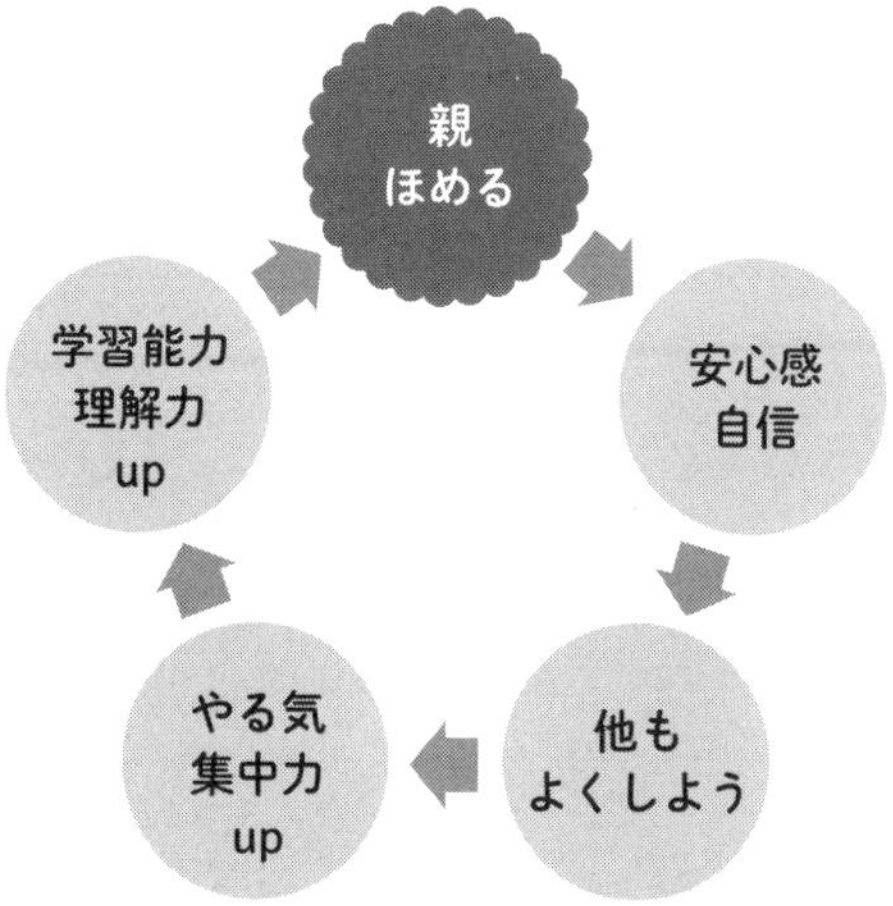

マイナスのスパイラル

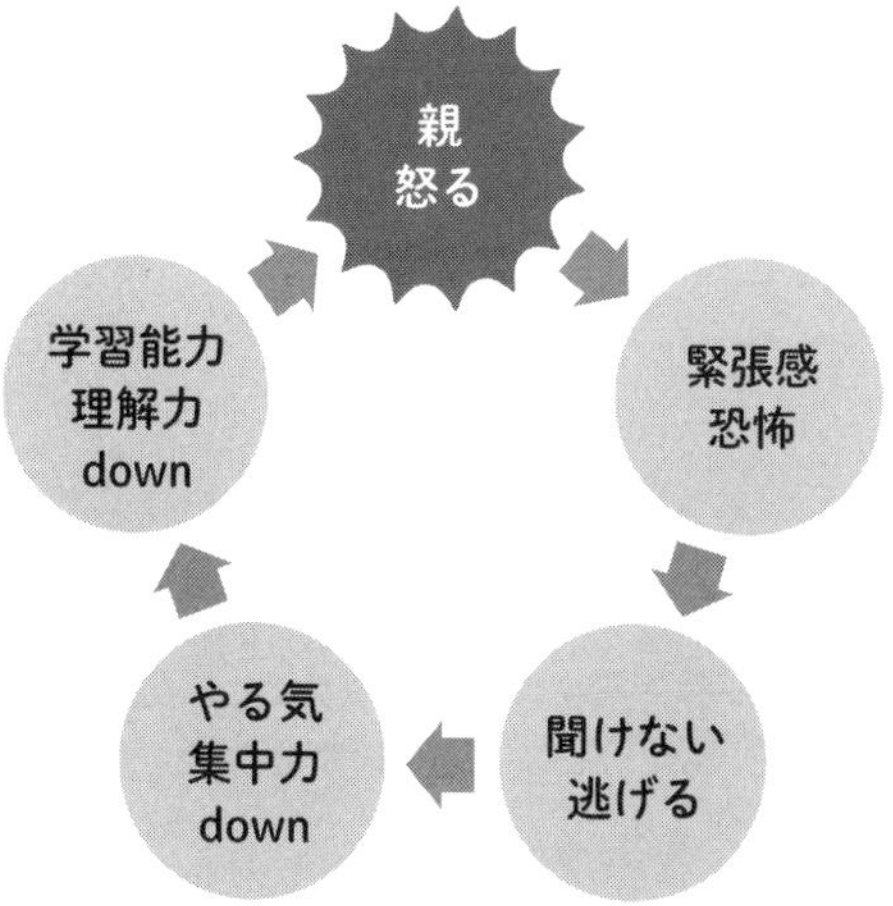

少しでも上達したら、その努力をほめてあげましょう。そのとき、「100点とってすごいね」と言うよりも、「よくがんばっていたものね」と言ってあげたほうが、子どもはとてもうれしくなります。

努力をほめてもらえたことだけでなく、自分が努力していたことをお母さんがちゃんと見ていてくれたことがうれしいのです。そして、もっと努力しようと思うのです。

また、「○○ちゃん、すごいね」とほめるよりも、「お母さんはうれしい」と気持ちを伝えたほうが、さらに子どもには響くようです。「よくがんばっていたものね。お母さんはうれしいわ」、これが最強かもしれません。

子どもはお母さんが大好き。お母さんが喜んでくれることなら、もっとしようと考えます。自分から考えて行動することに達成感があるのです。強制されたことに達成感はあまり感じません。

お母さんがほめ上手になると、子どもはグングン伸びていきます。

「大したことありません」は子どもには理解不能

あるお母さんから、こんな報告を受けました。

「子どものことをほめられて『大したことありません』と答えたら、子どもが不機嫌になりました」

日本人にとって、謙遜は美徳。「うちの子、すごいんです」なんて言ったら、驕っているように見られるのではないか、親バカと思われるのではないか……と心配になり、どうしても謙虚になってしまいます（ときどき、もっと謙虚になったほうがいいのでは？　と思わせる例外的な人もいますけど）。

だから、子どもの前で「それほどでもありません」と答えてしまいがちです。

子どもは他の人にほめられると、目を輝かせてお母さんの顔を見ます。でも、お母さんの受け答えを聞いてガックリ。みるみる目から輝きが失われ、やる気も失っていきます。その日はずっとご機嫌ななめで、ふてくされたり、ぶっきらぼうになったりする子もいます。

お母さんとしては、子どももわかってくれているだろうと思っているのですが、これが意外とわかっていません。**ほめられたら謙遜するなんて、大人の常識であって、子どもは知らないのです。**

子どもは、お母さんの言葉をそのまま受け取ります。お母さんは自分のことを「大したことない」って思っていて、いくら他人にほめられても、まったく認めてくれないのだ、と思ってしまうのです。

では、子どもがいるところで子どもをほめられたら、どう返事をすればいいのでしょう？　たとえば、こんな感じはどうでしょうか。

「ありがとうございます。そのように言っていただけるなんて、この子もすごく喜びます」

こんなふうに、子どものことを見ていてくれたこと、気がついてくれたことに、素直に感謝すればいいと思います。「そんなことありません」と否定したり、「そうなんです！」と自慢したりするよりも、ずっと気持ちがいいと思いませんか？

さらに、相手がうんざりしない程度だったら、子どもがどれだけがんばっているかを話してもいいと思うのです。横で聞いている子どもは、ものすごくうれしく感じるでしょう。お母さんが他人に自分のことを自慢している。子どもにとっては、鼻高々といったところです。

やっぱり、人に認められるのはだれでもうれしいものです。だけど、思っている以上に言葉に出してあげないと、子どもは、親がどんなに自分のことを愛しているか、心配しているか、自慢に思っているか、まったくと言っていいほどわかっていません。

とはいえ、ものには限度があるので、他人の前ではやりすぎないように。**ほめてくれた相手もうれしく感じ、子どもも喜ぶ言葉を選ぶことが大切です。**

あなたも「いつも怒っている」と思われていませんか？

あるとき、小学校高学年の子どもにお母さんの似顔絵を描いてもらおうとしたところ、「じゃあ、怒った顔ね」と言われてびっくりしたことがあります。

「どうして？」と聞くと、その子のお母さんはいつも怒り顔なのだと言います。でも、わたしがお会いするお母さんは常におだやかで、人の話も「うん、うん」とにこやかに相槌をうちながら聞く人です。

わたしの印象は、いつも温和でやさしくて素敵なお母さん。怒った姿など想像できませんでした。どうやら、家の中では少し違っていたようです。だからと言って、常に怒っているかというと、それも違うのです。

お母さん自身は、子どもとの会話の2割程度しか怒っていないと思っています。それに反して子どもは、8割は怒っていると感じているのです。

たとえばお母さんは、「〇〇しなさい」という言葉を使うとき、いつも怒っているわけではありません。しかし、子どもには怒り口調に聞こえるようです。

あるお宅に遊びにいったときのこと。小6の子どもが「今日何曜日だったっけ？」と聞くと、お母さんはこう答えました。

「水曜よ。そんなこともわからないの！」

わたしと話すときの口調とまったく違っていて、一瞬の豹変ぶりに驚いてしまいました。思わず「『水曜よ』だけでいいじゃない」と言うと、お母さんも笑っていたので、きっと無意識のうちに怒り口調になっていたのでしょう。

別の家庭でも、わたしと話しているときと子どもと話すときとで、口調がガラリと変わったお母さんがいます。そのことを伝えると、「そんなに変わった？」という反応で、本人はまったく気がついていません。

こうしたお母さんたちは、子どもが「お母さんは怒ってばかり」と感じていることにも気づいていないのではないでしょうか。

家族以外の人（大人）と話すときと自分の子どもと話すときで、言葉や口調がかなり変わってしまう人は多いようです。本人はそんなつもりはまったくなくても、子どもはその違いに気づいています。

他人に対する態度とあまりにも違うと、「他人にはやさしいのに、自分には厳しい」「お母さんはいつも怒ってばかりいる」と感じてしまいます。そして、自分が蔑ろにされていると感じてしまうかもしれません。

子どもに対するしゃべり方を、ほんの少しやさしくしただけでも、子どもとの関係は大きく変わっていきます。 それに、そのほうがお母さんも子どももストレスが少なくなって、もっと楽しく会話できるようになります。

言葉よりも強力な笑顔の力

子どもに笑顔で接していますか？

親は当然、子どもを愛している。そんなことは子どもだってわかりきっているはずだ、と考えています。

でも、親が思っているほどには子どもはわかっていません。とくに、よく怒る親のもとで育っている子どもは、そのように考えていません。親が言った言葉を、そのまま受け止めています。「どうしてできないの」→「私はできない子なんだ」、「もっと早くしなさい」→「私は鈍くさい子」、「だからダメなのよ」→「私はダメ人間」などなど。

また、子どもが複数いる場合、同じ親（自分）から生まれて、同じ環境で育てているのに、気の合う子どもと、いまひとつ気が合わない子どもがいる場合があります。

これは、どの家庭にもあり得ることです。親子にだって相性はあるのです。

気が合う子どもとは会話も弾みますし、話していて楽しくなります。だから、自然とその子と会話することが多くなります。話の弾まない子どもとは、どうしても会話が減ってしまいます。仕方のないことです。親が悪いわけではありません。

でも、たとえそうであっても、あまり会話しないほうの子どもは、自分はきょうだいよりも親に愛されていないいんじゃないか、と考えてしまいがちです。親子に相性があるなんて、子どもにはわかりません。

だから、そのような子どもにはとくに気をつけて、愛していること、大切に思っていることを伝えてあげてください。

怒ったり注意したりするときは、さらに注意が必要です。そんなに怒ったつもりはなくても、受け取る側の子どもには強烈な印象を与えます。普通の会話よりも深く心に残ってしまいます。

そうしたことが重なると、親は普通に言っている言葉でさえも、子どもは「怒っている」と捉えるようになってしまうのです。

子どもと話すときは、笑顔を忘れずに。

結局のところ、子どもに愛情を示すには、それだけでいいのかもしれません。子どもは、お母さんが笑顔で見ていてくれるだけで愛情を感じ、安心するものなのです。

頭をなでる、抱きしめるなどのスキンシップも大切です。きょうだいがいると、親はどうしても下の子に手がかかってしまいます。だからとくに、お兄ちゃん・お姉ちゃんには出し惜しみすることなく、たくさんの笑顔とスキンシップと愛情いっぱいの言葉をかけてあげてください。

子育てを、木を育てることにたとえるなら、こうした愛情表現が、栄養分をたくさん含んだ土壌になると思います。肥えた土には立派な木が育ちます。子育ても、たくさんの愛情でしっかりと子どもを支えていってあげてください。

「バカ」と言うとバカになる
――親の言葉は一生もの

子どもが小さいうちから、お母さんが何かにつけて「バカ」と言っていた家庭があります。このまま何年もバカと言われ続けたら、この子はどうなってしまうのだろうか？そんな心配をしていました。

それから何年もたち、高校受験をする年齢になったとき、その子はこんなふうに言ったそうです。

「どうせ俺はバカなんだから、入れるところならどこでもいいだろ」

努力しようとしない、上をめざそうとしない、無気力な子どもになっていました。本来は優秀な子だったのに、親が長年かけてつぶしてしまったのです。かわいそうだし、残念でなりません。

「バカ」とは言わなくても、「どうして○○できないの！」といったセリフを、よく子どもに言ってしまう人は多いのではないでしょうか。

大人には簡単なことでも、子どもにとっては難しいということはたくさんあります。それなのに、できないことを頭ごなしに叱られたら、子どもは「自分は何もできない人間なんだ」と思ってしまいます。

また、きょうだいや友達と比べてしまうこともよくありますが、たとえきょうだいでも成長の速度は違います。さっさとできる子もいれば、ゆっくりと時間をかけてできるようになる子もいるのです。

他にも、子どもに「役に立たない」と言ってしまう親がいます。でも、子どもは親の役に立つために生まれてきたわけではありません。

「○○しないなら嫌いよ」と言う親も見かけますが、これは怖いですね。親子の根底に愛情という支えがない、条件付きの愛情なんだと、子どもに突き付けている言葉だからです。

そこまで深い意味で言っているつもりはないのかもしれません。でも、子どもの心にはしっかりと深く根付いてしまいます。

男の子の場合は、やはりお父さんの言葉に影響を受けるようです。子どものころにダメ出ししかされなかった、何かやろうとしても「お前には無理だ」といつも言われ続け、ほめられることがなかった場合、大人になっても「どうせ俺には無理」「自分には能力がない」と考えてしまいがちです。

「自分が不幸になったのは、すべて親父のせいだ」と、40歳を過ぎてから大ゲンカしたという話も聞いたことがあります。

病気で若くして亡くなってしまったある男性は、闘病中にお会いした際、こう言って涙を流していました。

「親に一度もほめてもらえなかった。『がんばっているね』と言ってほしかった」

いくら他人がほめても、親の代わりになることはできません。親は唯一無二の存在です。子どもは常に親に認めてほしいと願っているのです。子どもには、親に言ってほしい言葉、親だからこそ言ってほしくない言葉があります。親の言葉は、一生深く心に刻みこまれるのですから。

伸びる子、伸びない子、つぶれる子

塾講師や家庭教師として多くの子どもたちに勉強を教えてきたなかで、素直にどんどん伸びる子と、まったく伸びない子がいることに気づきました。そして、子どもが伸びるかどうかのカギは、親子関係にあるのではないかと考えるようになりました。

1　親が厳しくて、素直な子ども
2　親が厳しくて、反論できる子ども
3　親がやさしくて、素直な子ども
4　親がやさしくて、わがままな子ども

もちろん、すべての親子関係を、この4つのパターンにあてはめることはできません。

それでも、これまでにわたしが見てきた子どもたちと親との関係は、大まかにこの4つに分けられる気がしています。

1は、親が何かにつけて子どもに指図し、よく怒っているような関係です。でも、子どもが素直に親の言うことを聞いているので、小学生くらいまでは成績もよく、端から見ると優秀でいい子に見えます。

ところが、だんだんと成績が落ちたり、精神的に苦しそうになったりします。中学受験で合格した途端、まったく勉強しなくなることもあります(中高一貫校で高校に進学できない子もいました)。親が子どものやる気をつぶしてしまうのです。

2も、1と同じように親が厳しいので、子どもが伸び悩んでしまうのかと思っていたら、そうでもないのです。どうしてだろうとよく観察してみると、ふだんから子どもがお母さんに反論している、きちんと自分の意見を話しているようです。

このような子どもは、本人がやる気を出せば伸びていきます。ただし、高校受験などを目の前にしてやる気を出したときに、お母さんがそれに気づかず、これまでと同じように怒り続けていると、せっかくのやる気もなくなってしまうかもしれません。

3のように、親があまり厳しいことを言わず、子どもも素直な関係が、いちばん勉強を教えやすく、本人も楽しそうに勉強しています。教えている最中に、たくさんの笑い声が出るような生徒です。当然、成績も順調に伸びていきます。

ただし、親がのんびりしていると、受験に取りかかるのが遅くなってしまう傾向にある点が要注意です。

最後の4は、親が厳しくなく、むしろ子どもを甘やかしすぎている関係です。親は子どもの言いなりで、子どもはまるでお殿様かお姫様のようです。親は、子どものどんなわがままでも聞いているように見えます。

だから子ども自身も、世界は自分を中心に回っているように感じてしまう。自己中心的で、何かあっても他人のせいにする癖がついてしまうため、成績の悪さも「問題が悪かった」「みんなもできていない」と人のせいにしてしまうのです。

では、それぞれの親子関係の注意点を、次の項でくわしく説明します。

子どもを伸ばすのは親、つぶすのも親

子どもに能力がありさえすれば、どんどん伸びていくのかというと、そうではありません。当たり前のことですが、やらなければ伸びません。だから能力に関係なく、素直な子どもは伸びるし、言い訳ばかりしている子は伸びないのです。

また、素直ないい子で能力があったとしても、親が「あれしなさい」「これしなさい」と命令ばかりしていたり、「なぜできないの？」「なんてバカなの」などとネガティブな言葉を浴びせ続けていたりすれば、子どもはやる気をなくし、気力も失って、伸びなくなってしまいます。

自分の子どもはどういう性格で、どういう育て方をすれば、その子の能力をいちばん伸ばしてあげられるのか、親がしっかりと見極めなければいけません。

わたしはこれまで多くの親子関係を見てきましたが、「つぶれる子」というのは親の支配を受けていて、なおかつ素直でいい子です。つまり、前項であげた4つのパターンのうちの、1の親子関係です。

もしあなたの子どもが、自分から素直に勉強するような子どもなら、なるべく黙って見守ってあげるのがいいでしょう。心配になったり、もっとがんばってほしいと思ったりすることもあるかもしれませんが、決して口うるさくしてはいけません。それが、子どもをつぶす第一歩になってしまいます。

とはいえ、すべてを子どもひとりでやっていけるわけではないので、きちんと子どもの様子を見ながら、必要に応じた手助けをしてあげることが大切です。決して「うちの子は大丈夫」と思ってしまわないこと。

反対に、親の命令が多くても自分で反論できる子ども（前項の2）は、決してつぶれません。このことからも、親が子どもの言い分をちゃんと聞いてあげて、子どもの「逃げ場」を作ってあげることが大切だとわかります。

あんまりうるさく言うのは考えもの。子どものやる気を消してしまう可能性がある点も心配ですが、うるさく言い続ける親のほうもつらいですよね。

4のお母さんは、子どもがかわいくて仕方ないのでしょう。親としてはやさしくしてあげたい気持ちもわかりますが、わがままな子どもに育ててしまってはいけません。甘やかされて自己中心的な性格になれば、困るのは子どもです。

勉強ができるから、スポーツができるから、体が弱いからなど、大目に見てあげたい理由はたくさんあるかもしれませんが、それが本当に子どものためになることなのか、もう少し考えてみましょう。

子どもの能力を伸ばすのは親。つぶすのも親です。ふだんの会話からそのことを意識して、子どもにいちばん適切な言葉をかけてあげるように心がけてください。

3章

学びの第一歩は「家」にある

「自分から進んで勉強する子ども」が
育つ家庭の作り方

子育ては木を育てるのと同じ。根を張らせましょう

本来、子どもは好奇心でいっぱいです。生まれたときからやる気がなく、憂鬱そうにしている子なんていませんよね。

だから小学生のうちに、たくさんの経験・体験をさせてあげましょう。それは、机上の勉強とは比べものにならないほどの知識や考える力を、子どもに授けてくれます。

日頃から「これは何だろう?」「なぜなのかな?」と疑問に思うことが大切です。そこから探求心が生まれます。カードで暗記したり、与えられた問題を解いたりするだけでは、みずから疑問をもち、どうやって解決しようかと考える力は身につきません。実際にやってみて、成功したり失敗したりしながら、たくさんのことを学んでいくのです。最初からやり方や答えを教えてしまっては、その貴重な経験を省いてしまう

ことになります。

子どもを育てるのは、木を育てるのに似ていると思うのです。根がしっかり張ってはじめて、枝が太くなり、大きな葉がたくさん生い茂ります。しっかりと根を張らせるには、あわてないことが大切。

子育てでは、どうしても他の子どもと比べてしまいます。「おとなりの子はできているのに、うちの子はできていない」「もしかして、できないのはうちの子だけなのかしら？」などと不安に思うこともあるかもしれません。

でも、すべての子どもが一斉に、同じように育つわけではありません。ゆっくりペースの子もいれば、早い子もいます。得意なところも違います。あわてる必要はまったくありません。

早期教育や詰め込み教育のような「英才教育」も、子どもには負担になります。まだ小さな芽が

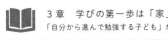

出たばかりなのに、これでもかと水をやり、必要以上の栄養を与えるようなものです。それでは根腐れを起こします。

不自然に詰め込まれたものは、あとから、いびつな形で影響が出てくることがあります。たとえば、数学はものすごく得意だけど、他の教科はものすごく劣っている、という子もいます。

また、先取りして勉強させたほうがいいと考えている親がいます。子ども自身にやる気があって、みずから勉強したいと思っている場合はいいのですが、そうでないなら、ただ負担になり、時間ばかりかける結果になります。そして、結局は追いつかれてしまいます。

習うべきときに習うことが、子どもにとって楽だし、吸収も早くなるのです。

子どもが見るもの、聞くもの、興味をもつもの……そのすべてが知識や経験となって、子どもを支える大きな根になります。何に興味をもつかは、親にもわかりません。だからこそ、たくさんの体験をさせてあげることが大切なのです。

勉強しない子どもは、だれの真似をしているか

勉強の習慣がなかなか身につかない子どもがいます。

そういった子のお母さんに「勉強を見なくていいので、口出しもせず、とにかく子どもが勉強している横に座っていてほしい」と頼むことがあります。雑誌を読んでもいいし、家計簿をつけてもいいし、勉強の邪魔になることでなければ何をやっていても構いません。勉強や仕事をしているお母さんを目の前にして、子どもはさぼろうという気が起きなくなるのです。心理学でいうミラーリング効果をここで使います。

あるお母さんは、子どもが勉強しないことに腹を立て、いら立っていました。子どもが勉強するようになるのなら、何でも協力するとも言いました。だから、わたしの提案を二つ返事で受け入れ、やる気満々で実行すると宣言したのです。

1週間後、そのお宅を訪ねて、中学生の子どもにお母さんは隣にいてくれたかどう

か聞いたところ、「3日だけ」と答えるではありませんか。

思わず「なんで⁉」と叫んでしまいました。さんざん子どものことを「勉強しない」「受験があるっていうのにとんでもない」と愚痴っていたお母さんが、まさかの三日坊主！　そんなことがあるでしょうか。

わたしの反応に驚いたのか、その子は「お母さんも忙しいし、頭が痛かったり、体調も悪かったりしたから……」とうつむきかげんに言いました。子どもを責めるお母さんと、お母さんをかばう子ども。なんともやるせない気分です。

このお母さんは、何もやっていないわけではありません。掃除や料理といった家事もちゃんとしています。でも、あんなに「何でもする」と豪語したにもかかわらず、たった1週間ですら子どものことを優先できなかったのです。

本当に忙しかったのかもしれません。しかし私の目には自分の好きなことばかりしているように見えました。なぜならSNSの更新はしていたからです。これでは「子どもより自分を優先している」ことに変わりはないのではないでしょうか。

そういう親の子どもは、やはり自分が好きなことを優先するようになります。勉強するよりも、テレビを見たり、ゲームをしたり、マンガを読んだりしてしまうのです。だって親がそうだから。

なかには、子どもの勉強は家庭教師や塾に任せている、と考えている人もいるかもしれません。でも、子どもを育てるのは親です。だれよりも長く子どもと接しているのは親なのです。

子どもにとっては親が「大人のモデル」であり、規範です。

子どもは親に似てきます。よく、「うちの子は、こんなことをするんです」と子どもの愚痴をこぼすお母さんがいますが、それはそのまま、お母さんの姿だったりするのです。三日坊主の親の子どもが三日坊主になるのは当然です。

もし、子どもに何か直してほしいことがあるのなら、まずは自分の行いから直す必要があります。そうすれば、子どもは自然に真似をしてくれるようになります。

子どもの「好き」は、学びへの近道

子育てには「見る」「聞く」「話す」が大切ですが、3つのうちいちばん大事なのは何かと聞かれたら、わたしは「見る」ではないかと思います。

子どもをよく見ていれば、ちょっとした変化にも気づいてあげることができます。体調の変化も、症状が軽いうちに気づけば大事に至りません。

また、できなかったことができるようになったときなど、ほんの少しの成長でもいち早く察知して、タイミングよくほめてあげることもできます。よく見ることで子どもたちの精神状態もわかり、うれしいことがあったのか、それとも嫌なことがあったのか、気づいてあげることもできます。

さらに、見ることは子どもの能力を格段に伸ばすことを可能にします。

子どもというのは、「ポケモン」や「妖怪ウォッチ」といった、ゲームやアニメのキャラクターのことは驚くほどよく覚えますよね？　これが勉強に関することならどれだけいいか……と思ったことがあるでしょう。

わたしは、子どものこうした能力をどうにか勉強に結びつけたいと考え、子どもの好きなもの、興味をもったものをじっくり観察しました。

息子が好きだったのは「プラレール」という、おもちゃの鉄道模型。ある日、息子といっしょに新しい電車を買いに行くと、「きかんしゃトーマス」などと並んで、寝台特急の「北斗星」が売っているではないですか。

わたしは息子に「本物と同じ電車があるよ」と言ってそれを買い、後日、図書館で「北斗星」に関する子ども用の本を借りました。実際の電車の写真と、その路線図などが載っている本です。息子は、まだ地図などわからない幼稚園児でしたが、本を見せながら「この電車は、ここからここまで走るんだよ」というふうに説明してあげました。

こうしたことを、新しい電車を買うたびに繰り返したのです。

また息子は、実際に電車に乗るのも好きだったので、そうした機会をなるべく増やすようにもしました。当然、夏休みの旅行は寝台列車。息子は窓にかじりついて、真っ暗な外をずっと眺めていました（何が楽しいのか、わたしにはさっぱりわかりませんでしたが）。

電車の本に地図が載っていたことから、地図の絵本も買ってあげるようになりました。すると、電車から地図に興味が移っていったようです。そのおかげで、小学校から高校に至るまで、地理が得意科目になったのです。

これには、親のわたしがいちばん驚きました。無理やり勉強させるのではなく、子どもの「好き」をうまく勉強に生かした結果だと思っています。

子どもの興味の何が、どういう勉強に結びつくかはわかりません。でも、**子どもが何を好きなのか、何を感じているのか、子どもの行動をじっと観察することで、それまで見えなかったものを発見できるようになります。**

それが、子どもの思わぬ才能を引き出すきっかけになるかもしれないのです。

勉強の第一歩は言葉をたくさん知ること

小学校高学年になると、知っている言葉の数に大きな違いが出てきます。語彙力がある子どもとない子どもの差は、数倍にもなります。すべて小さいころからの蓄積なので、年齢が上がるほど差は開くばかりです。

そのうち学校で覚えるから大丈夫と思っているかもしれませんが、言葉を知らなかったら、そもそも勉強ができません。先生の言っている意味がわからないからです。教科書や本に書いてあることも理解できません。

わからないと、当然やる気をなくします。授業中も、ただ時間をつぶすためだけに座っていることになります。本人にとっては苦痛でしかありません。

もし授業中に、「言葉の意味がわかりません」と何回も質問するようなら、授業を止めてしまいます。みんなが理解しにくいことなど、周りにも役に立つような質問なら大歓迎です。でも、中学生なのに、小学生でも知っているようなことをあれこれ聞くと、先生も困りますし、みんなにとっても迷惑になります。

小学校4年生なら4年生のレベル、6年生なら6年生のレベルで授業は進みます。その学年にふさわしい言葉を知らない子どもを基準にはできません。

中学生を教えていたときのことです。中2の数学で習う連立方程式の問題で、「リンゴとミカンを取り違えて買ったので……」という文章がありました。すると、「『取り違えて』の意味がわかりません」と聞いてきた子がいます。当然、問題は解けませんよね。

これは、いつも点数が低い生徒の話ではなく、平均70点は取っている生徒の口から出た質問でした。どんなに数学ができても、問題の意味を理解できなければ、どうしようもありません。

言葉（語彙）は、最初は親との会話から覚えていき、そのあと本で知ったり、学校で習ったりすることによって増えていきます。でも、本や学校で習ったことも、日常で使わなくては、本当には理解できていない場合もあります。

「うちの子は勉強ができない」と嘆いているお母さん。もしかしたら、根本的に語彙が不足して、先生が言っていることをきちんと理解できていない、教科書に載っていることがいまいちわからない、という状態かもしれません。

語彙は、一朝一夕に増えるものではありません。小さいころから、いろいろなことを親子で話すのが大切です。お母さんだけでなく、お父さんやおばあちゃん、おじいちゃん、さらに親戚や近所の人など、話す人が多ければ多いほど話題も豊富になり、そこから学べる語彙の幅も広くなります。

そして、やはり本も読みましょう。良い本をたくさん読めば読むほど、言葉も知識も増えていきます。

親との会話から、子どもは言葉を覚えていく

大人同士の会話なら、自然と言葉に気を遣い、その場にふさわしい言葉を選びながら話をしていることと思います。職場の人、お姑さん、近所の人、ママ友。相手によって使う言葉は違ってきますよね。

言葉は、相手を喜ばせたり、怒らせたり、やる気にさせたりするだけでなく、人を動かす力も持っています。また、相手を理解するにも、相手に自分を理解してもらうためにも、言葉が必要です。

世の中のことを理解するためにも言葉が欠かせません。何かを買ったときについてくる説明書にしても、言葉がわからなければ理解できません。なんとなくわかったつもりでいても、言葉の理解があいまいだと誤解が生じやすくなります。そうやって、いつも話を取り違えてしまう人って、あなたの近くにもいませんか？

そして、自分自身のことを表現するためにも、言葉がなくては始まりません。

たとえば、いまの自分の気持ちを伝えたいとき、それを表現する言葉を5つしか知らない人と、100も知っている人がいたら、当然のことながら、100の言葉を知っている人のほうが相手に伝わりやすいでしょう。

状況を説明する場合でも、言葉をたくさん知っていれば、いろいろな言い方で的確に伝えることができます。

このように、わたしたちが社会生活を送っていくために必要不可欠な言葉ですが、**たくさんの言葉（語彙）を自分の中に蓄積し、それぞれの使い方を理解してマスターするには、子どものときの習慣と環境が大切です。**どんなにたくさんの言葉を知っていても、使い方を間違っていては元も子もありません。

わたしの知り合いが、英会話教室の無料体験に行ったときの話です。事務の女性が、最初は日本人講師をつけてくれたのですが、しばらく会話してみると、レベルが高いから外国人講師のほうがいい、ということになりました。

そうして無料体験が終わり、勧誘が始まりました。そのときに事務の女性が言った言葉が、これです。「英語できるんですね。かいかぶっていました」

「かいかぶる（買い被る）」とは、人を実際以上に高く評価することです。つまり、言葉どおり受け取ると、「あなたは、もっと英語ができる人だと思っていましたが、思ったほどではないのですね」という意味になるのです。

でも、どう考えても、この女性が言いたかったのは反対ですね。ほめたつもりで言ったのでしょうが、完全に意味を間違っていて、とても残念です（当然のことながら、知り合いは「この教室には絶対入らない」と言っていました）。

無理に覚えさせるよりも、子どものときからたくさんの言葉に触れるようにすれば、自然と多くの語彙と表現力が身につきます。そのために、まずは親が使う言葉に心を配るようにしましょう。

小学生だからと思って簡単な言葉ばかり使わず、ぜひ、いろいろな言葉を使ってください。子どもって、大人が思っている以上に賢いものです。

言葉は知っているのに、文章を理解できない理由

勉強は、すべて言葉が基本です。授業を聞くのも、問題を解くのも、言葉を知らないと何も始まりません。それは国語だけでなく、理科や数学も同じです。

塾で教えていると、わからない問題があったとき、問題の解き方を質問するのではなく「この問題文の意味がわかりません」と聞いてくる子どもがたくさんいます。

問題の解き方を知る以前に、問題の意味を理解できていないのです。簡単な問題ならわかるけど、少し複雑になると問題文がわからなくなる子もいます。そして、「問題文がわかりません」と言う子は、どの科目でも、しょっちゅうそうなのです。

わたしが教えているなかにも、「この問題、意味不明〜〜〜!」と叫んでいる中学生の女の子が何人かいます。

ひとつ知らない言葉があると、それだけで文章全体を理解できない子が多いように

思います。でも、ひとつやふたつ知らない言葉があっても、前後の文章から意味を想像して、なんとか読み進めていくことはできるはずです。

それなのに、「わからない言葉があるから無理」とあきらめてしまうのです。わかる言葉だけで意味を考える、という努力もしません。

さらに言うと、ひとつひとつの言葉の意味はわかっているのに、文章全体になると理解できない子どもも多くいます。言葉の意味はすべて知っているのに、文章の意味がわからないというのは、なぜでしょう?

それは、間違ってもいいから、とりあえずわかる範囲で考えてみようとすら思わないからではないかと思います。唯一の正解を答えることだけをめざして勉強していると、そうなりがちです。

そもそも文章を読もうともしない子どもが非常に増えています。はなから読もうとしない、わかろうと努力しないのです。わたしたちが子どものときよりも圧倒的に多い気がします。

宿題の答え合わせでも、◯と×をつけるだけで、間違ったところの解説を読んできません。「読んでもわかりません」と言うのです。めんどうくさいと思っている子もいるでしょうが、「どうせわからない」と思って、理解する努力をしないのです。

でも、解説を読めないということは、ひとりで勉強できないわけですから、常に教えてくれる人が必要になります。勉強は、社会に出てからも続きます。仕事の勉強は学校のようにさぼるわけにはいきません。

勉強や仕事以外でも、生きていれば文章を読む場面はたくさんあります。その度に「わからないから」とあきらめることはできません。

たくさんの語彙を身につけることも大切ですが、**知らない言葉でも意味を想像したり、文章を読み解いたりできるようになるには、小学生のころから文章に慣れていることがポイント**ではないかと思います。

そして、**間違ってもいいから自分の頭で考えること、想像することを体で覚えていくことが重要です。**間違えることは悪いことではありません。間違えたら修正すればいいのです。

どうして本をたくさん読んだほうがいいのか

子どもは、生まれてきたときはしゃべることもできず、少しずつ親が言葉を教えていきます。親の話す言葉を繰り返し聞き、それを真似して、もし間違った使い方をすれば親が訂正する。そうやって言葉を身につけていきます。

だから、小さな子どもの語彙は、イコールお母さんの語彙と言ってもいいでしょう。

でも、自分自身がそんなにたくさんの言葉を知らない……と思う方もいるでしょう。また、大人になってから語彙を増やすのは大変です。日常的に使う言葉はどうしても同じになってしまう、という悩みもあります。

それらを解決してくれるのが、本です。子どもに本を読んであげることの効用は、非常にたくさんありますが、大きなものとしては次の4つがあげられます。

1　語彙力が増える
2　親の愛情を感じられる
3　自分とは違う人生や体験を共有できる
4　周囲の空気を読める、他人の気持ちがわかる人間になる

「子どもには本をたくさん読ませましょう」と言うと、どんな本を与えるべきなのか、また、何が「いい本」なのかわからない、と言う人が多くいます。

簡単な基準として、**自分が子どものころに読んでいた本がまだ本屋にあれば、ぜひそれを読んであげましょう。**20年以上も読み継がれている本ですから、非常に良い本に違いありません。

子どもは好きな本ができると、しつこいくらいに「読んで」とせがんできます。

わたしの娘はとても本好きで、一日に7回も同じ本を読まされたことがあります。

ちょうどそのとき冬だったため、喉はガラガラ。さすがにうんざりしたことを、いまでもよく覚えています。

しかも娘は、こちらがページをめくる前に、次のページを自分で語り出すのです。何度も何度も読んだおかげで、文章をすべて暗唱していました。

だったら、わたしが読んであげる必要があるのかしら？　とも思ってしまったのですが、それくらい、子どもはお母さんに読んでもらうのが大好きです。ぜひ、お母さん、お父さん（おばあちゃん、おじいちゃん）が読み聞かせをしてあげてください。

ＣＤなどと違って、子どもの様子を見ながらペースを合わせてあげることもできます。ゆっくり絵を見たい子もいるでしょう。早く先が知りたくて急かす子もいるでしょう。その子の好きなペースで読んであげることを心がけてください。

そして、読んだ本の感想も聞いてみましょう。内容を整理したり、それを説明したりするために頭を使いますし、それによって、言葉が身についていきます。また親にとっても、子どもの好みや考えを知るチャンスになります。ただし、子どもが嫌がるのに無理矢理感想を聞き出すようなことはやめましょう。

図書館には、子どもの未来を握るカギがつまっている

子どもが少し大きくなったら、ぜひ図書館に行くことをお勧めします。

あるお母さんが「毎日、家にある本を読んであげています」と言っていましたが、自宅にある本だけでは数が足りないし、どうしても親の興味があるものに偏りが出てくる気がします。

それに比べて、図書館にある本は「選ばれた本」です。とくに子ども向けの本なら、良くない本は置いていないはず。子どもといっしょに、たくさんの本の中から選ぶのも楽しいひとときです。

子どもが本好きになってくれればいいのですが、なかには本を拒絶する子もいます。そんな子どもには決して無理強いしないでください。本が大嫌いになってしまいます。

わが家でも、娘は本が大好きになったのに対して、息子は読み聞かせから拒絶です。

どうにもこうにも好きでないのだから、これは仕方ありません。でも、そこで簡単にあきらめるのではなく、いろいろと試してみました。

すると、息子は絵本などのお話（物語）は嫌がりましたが、電車の図鑑や地図などは食い入るように見ていました。図書館に連れて行くと、「それを借りるの？」と思ってしまうような本ばかり選びます。

親といえども、子どもの好みをすべて把握できているわけではありません。また、親が選んだものには、どうしても親の好みが入ってしまうし、偏ってしまいます。本屋や図書館にいっしょに行くことで、「うちの子、こんなものに興味があったの？」という新しい発見があるかもしれません。

子どもが好きな本を見つけたら、とことん追求させてあげてください。驚くほどの好奇心と集中力をもって読んでくれます。虫が好きだったら虫の本を、お母さんもいっしょに探してあげましょう。物語が好きな子なら、お気に入りの本の作者が書いた本を見せてあげると、すごく気に入るはずです。

本を読むと、自分以外の人の経験や人生を疑似体験できる、という素晴らし

いメリットもあります。

だれでも自分の人生は、たった一度しかありません。でも、本を読むことで、いくつもの人生を垣間見ることができます。主人公と一体になって喜んだり悲しんだり、手に汗握りながら冒険したり。

本の中には、日常生活では味わうことのできない世界が広がっているのです。子どものころに味わった感動は、大人になってからでも色褪せることなく、いつまでも心の中に残ります。

本は大人になってからでも読むことができますが、子どもと大人では感受性が違います。また、考え方も変わっていきます。ぜひ、いまから良い本に恵まれる環境を作ってあげてください。

子どものときにしか味わえない感動と喜びは、一生の宝になります。

問題を解くことだけが勉強……ではありません

なぜ子どもは勉強するのでしょうか？　もし子どもに「どうして勉強しなきゃいけないの？」と聞かれたら、あなたはどのように答えますか？

子どもの年齢によって答え方は違ってくるでしょう。小さい子どもなら、勉強したことが、たちまち生活に直結してきます。

わたしは現在、中学生と高校生の勉強を見ていますが、**小学校で習うことがすべての基本です。小学校までの勉強が抜けていると、中学の勉強についていけません。それ以上に、社会に出てから困ることがたくさん出てきます。**

お金の計算ができなかったら生活に困ります。だから、机で勉強させるだけでなく、買い物をしておつりをもらうなど、勉強したことの成果を生活に取り入れるようにすると、子どもも勉強の必要性を肌身で感じることができます。

小学校高学年で習う「割合」がわからない女子中学生がいました。バーゲンなどで買い物をすることはないのか聞いたところ、「行くけど、わからないから適当」という返事。このまま大人になったらどうなるのでしょう。社会でちゃんと生きていけるのか、詐欺にあわないか心配になります。

また、さまざまな教科の勉強をすることで、物事をいろいろな視点から見ることができるようになります。

たとえば家庭科で、小麦粉を使った料理を習うとします。その小麦粉はどこで生産されたものなのか、どこの国が小麦粉をいちばん多く生産しているのか、といった観点から見れば社会科ですし、食べた小麦粉はどこで消化されていくのか考えると生物、小麦粉は水に溶けるのかなどは化学です。

それは、人によって見方によって、価値観は変わるのだということを教えてくれます。子どもの視野を広げ、考える力や発想を大きくすることにもつながります。そして、多くの知恵や知識があってこそ、新しいアイデアや考えも浮かんできます。

「なぜ勉強するのか？」と聞かれたら、「よい大学に進学して、よい会社に就職するため」と答える人もいるかもしれません。でも昔と違って、どんな学歴だろうと、どんなに素晴らしい会社に就職しようと、何が起こるかわかりません。将来は保証されているものではないのです。

勉強は、与えられた問題を解くためだけにするものではありません。**勉強で得られるものは知識や知恵。それ以外にも、勉強を通して己を知ることもできます。**

そのことを子どもにも伝えていきたいですね。

自分だけの勉強法を、子ども自身に見つけさせよう

塾や学校で言われたこと（宿題や課題）をきちんとする。それは、大切です。

しかし、言われたことしかできないのも困りもの。何をすればいいのかを自分で考えられない、指示待ち人間になってしまいます。

お母さんに「勉強しなさい」と言われても「何をすればいいの？」、「なんでこんな成績なの！」と怒られても「成績を上げるには何を勉強すればいいの？」と思ってしまうだけです。

最近の子どもたちの勉強は、学校や塾で言われたことをこなすのが主流です。こなすだけで満足し、みずから疑問を持ち、分析し、解決するためには何をすればいいのかなど考えようとしません。

勉強の仕方についても同じことが言えます。「毎日○時〜○時は勉強しなさい」と

言われて、それに素直に従ったとしても、それがその子にとっていちばんいい勉強法ではないかもしれません。

時間の使い方、計画の立て方なども、自分で考えることが大切なのです。人から言われたとおりにするものではありません。

自分がいちばん能率よく勉強できるのは朝なのか夜なのか、体調があまり良くないときは、どの程度で休んだほうがいいのか、落ち込んだときは何をすれば気晴らしになるのか……。

こうしたことを考えていくと、自分で自分をよく知ることができます。

高校生になると、とくに男の子の場合は、気分転換や体力づくりのために、夜に走り始める子がいます。彼らはみんな「苦痛ではない。むしろ楽しい」と言います。わたしの息子も時折、夜遅くに「走ってくる!」と言って出かけていました。

自分のことを理解して、自分について考えることで、こんなふうにストレス発散の方法や楽しみを新たに発見することもあるのです。

自分はどこが弱いのか、どのような教材、どのような対策で克服すべきか。そういったことも、みずから考え、行動する能力が身につけば、大人になってからの生活にも大いに役立ちます。

お母さんは子どものためと思って、いろいろと口を出してしまいがちです。でも、長い目で見るとどうでしょう。小さいころから親がすべて指示していては、なかなか身につきません。

とくに、お母さんの言うことを聞いてきた「いい子」は、中学生や高校生になって困るケースが多いです。自分で計画を立てることができないのです。

小学生のうちから、勉強する時間や方法も子ども自身に考えさせて、いっしょに話し合いながら決めるようにしましょう。なかなかスムーズにいかないかもしれませんが、ここでお母さんがゆっくり待ってあげられるかどうかで、何年も先の子どもの未来が変わります。

子どもを勉強嫌いにしているの、だあれ？

赤ちゃんというのは好奇心旺盛で、一瞬たりともじっとしていません。あらゆるものに手を触れてみるし、なんでも口に入れる、どこにでも行こうとします。危険がないように見ているお母さんはクタクタ。片時も目が離せません。ちょっと目を離したすきにとんでもないことをしています。

本来、人間は知らないことを知るのはうれしいものです。海外の貧しい子どもたちは、学校に通って勉強するのが夢だと言います。そんなことは日本では考えられません。なぜこんなに、日本の子どもたちは勉強が好きではないのでしょう？

それはたぶん、強制されるからではないでしょうか。

もし日々の家事について、怒られてばかり、命令されてばかりだったら、あなたはどう思うでしょう？　毎日毎日、口うるさく言われ続けると、嫌でしょうがなくなると思います。子どもの勉強も同じです。

嫌々ではなく子どもが喜んで勉強するようにと、いい成績をとったらご褒美をあげるということは、多くの家庭でしているかもしれません。おばあちゃんなどがお小遣いをあげるというのも、よくあるでしょう。

でも、ちょっと待って！

テストでいい成績をとったら、お手伝いしたら何か買ってあげる、といった「ご褒美システム」を作ってしまってはダメです。なぜなら、ご褒美がないと何もやらない子どもになってしまうからです。

勉強を1時間するにしても、人から言われたり、ご褒美でつられたりしてやるのと、本人が「よし、やるぞ！」と思ってするのでは、中身が何倍も違ってきます。

また、ずっと机に座っているからといって安心ではありません。30分集中するのと、3時間ダラダラやるのとでは、30分集中するほうが何倍もの価値があります。

ちなみに、脳が集中できる時間はおよそ40分と言われています。熱心なお母さんがこれを知ると、「じゃあ、40分で区切って休みを入れて」という具合に時間管理をしようとしますが、それはやめてください。すべて本人に任せてください。

机に向かった途端に集中できるわけではありません。せっかく波に乗ってきたところで「ハイ、休み」と言われたら、それは勉強を妨害しているようなものです。どれくらい続けるのか、いつ休憩するのか、すべて放っておいてあげましょう。

とはいえ、がんばったら何かしてあげたいと思うのが親心。そんなときは、**子どもの大好きな料理を作る**のはいかがでしょう。お母さんの愛情をたっぷり込めて。いっしょに作ると、なおいいですね。

家庭のルールは子どもといっしょに決める

親が決めたルールは、親が守ってほしいルールです。だから、子どもがそれを守って喜ぶのは親だけです。子どもには何の達成感もありません。

幼稚園児を子どもにもつご両親から、こんな相談を受けたことがあります。テレビを見る時間は一日1時間と決めたところ、子どもがこう言ってきたというのです。

「そんなルール、だれが勝手に決めたの。法律で決まっているの？」

幼稚園児で法律を持ち出すとは、なかなか優秀なお子さんです。

それはさておき、わたしはもう少しくわしく家庭の事情を聞いてみました。具体的には、親はテレビを見ているのか、子どもが見る1時間以外はテレビを消しているのか、という点を疑問に思ったからです。

すると、「親だけが見る番組は、子どもが寝てから。バラエティなどはいっしょに見ている」とのこと。そして、親子でいっしょに見ている時間は、子どもが見ていい1時間枠には入っていないそうです。

つまり、子どもだけで見ていいのは1時間だけど、親が見たい番組と子どもが見たい番組が一致していれば何時間でも見ることができる、ということです。

これは、明らかにおかしいルールですよね。でも、両親はこの矛盾にまったく気がついていませんでした。

子どものほうは、なんとなくおかしいと思いながらも、親を納得させるだけの反論ができなかったのでしょう。だから、どこかで覚えてきた「法律」を持ち出し、それに驚いた親は「うちの子がこんな口ごたえするんです！」となってしまったわけです。

ゲームをする時間、テレビを見る時間、遊ぶ時間、勉強する時間。家庭にはいろいろなルールがありますが、**親が一方的に決めるのではなく、子どもといっしょになって考えるようにしましょう。**

そして、なるべく子どものほうから「テレビは1時間」とか「勉強は○時から」といった具体的な内容を言ってもらうようにしましょう。

また、ルールを作るうえでとても重要なことが、もうひとつあります。それは、これを守ったら何か与える、成績が上がったら報酬を与える、テストは○点以上なら合格、といった決まりは決して作らない、ということです。

こういう決まり事で育てられた子どもは、報酬がないと何もやらない人間になってしまいます。また、テストで80点以上なら合格といつも親から言われていた子は、90点、100点を目指そうとしません。80点ギリギリでいいと考え、勉強も中途半端に止めてしまうのです。

子どもがやるべきことをきちんとやったときは、ちゃんとほめてあげましょう。

自分が決めたことを、自分でやっていく。たとえ子どもであっても、それがいちばん達成感があり、気持ちのいいことなのです。

テレビ、ゲーム、携帯電話との上手な付き合い方

なんでも最初が肝心で、いったん身についた習慣や癖を直すのは、なかなか難しいものです。

テレビもゲームも携帯電話も、最初に時間や使い方のルールを子どもといっしょに考えることが大切です。そして、そのルールをきちんと守る。それは親にも言えることです。何かにつけて「今日は大目に見るわ」なんて甘やかしていたら、ずっとルールを守らなくなってしまいます。

ルールを決めるのであれば、親もきちんと守らなくてはいけません。子どもは親のことをしっかり見ています。テレビはつけっぱなし、ついつい携帯をいじる、そんなことをしていませんか?

子どもには厳しくするのに、親はルーズ。それでは、子どもが不満をもちます。

小さい子どもの場合、公共の場で騒ぐのを防ぐために、携帯ゲームやスマートフォンで遊ばせる人も多いようです。たしかに、周りの人に迷惑にならないように、子どもにゲームをさせて、おとなしくさせたくなる気持ちもわかります。

でも、小さいうちは、なるべく携帯などのゲームは避けたほうがいいと思います。悪い癖というのは、すぐついて、なかなか直すことができません。高学年になって、携帯の誘惑に勝てずに勉強がおろそかになる子も多いです。なかには一日中、携帯から離れることができずに、精神科医にかかる子もいます。

もし、すでにゲームをやめてくれなくて困っているなら、勉強を嫌いになるのと同じ方法をとればいいのです。

たとえば、絶対にクリアしなくてはいけないノルマを課す、できなければ烈火のごとく怒りまくる。「ゲームをやめなさい」ではなく、「なんでそこ、うまくできないの！」「なんでクリアできないの？」「何やってんの！」とダメ出しをする。

冗談に聞こえるかもしれませんが、これは、わが家で実際に効果がありました。子どもにゲームをやめさせたかったわけではなく、単に、わたし自身がゲームが大好きで、つい口出ししていた結果なのですが、おかげで子どもたちはそこまでゲームに執着しなくなりました。

人は、禁止されると魅力的に感じます。強制されると嫌になります。親は、子どもが勉強嫌いになるよう行動し、ゲームが魅力的になるように行動しているんじゃないかしら？　と思えるほどです。

とにもかくにも、テレビもゲームも携帯も、すべて目に悪いものです。最近では若い子の老眼も増えてきていると聞きます。それを考えただけでも、長時間は続けさせないほうがいいでしょう。

小さいうちは、外に出て、多種多様な経験をさせてあげることがいちばん大切です。それは、お母さんにとっては時間と労力のいる大変なことです。でも、その労力や子どもにかけた時間は、必ず結果として表れます。すぐにではなく、何年もたってから見えてくることなのです。

整理整頓ができれば成績も自然と上がる

ある家に家庭教師に行ったときのことです。いつ行っても部屋をきれいにしていて、机周りも整頓されている中学生の女の子。机の前の本棚にも、ノートと教科書がきちんとしまってあります。

……と思っていました。しかし、問題集の別冊が見つからない。プリントやテスト用紙がどこにいったかわからない。こんなことが日常茶飯事です。

なぜだろうと思って見ていると、テストやプリントを、そのとき開いていたノートに行き当たりばったりに挟み込んで、そのまま本棚に入れてしまうので、いざ探そうとしたときに見つからないのです。

いつもきれいにしていて感心していたのですが、残念。何がどこにあるかわからないのは困りもの。見た目のきれいさではなく、必要なときにすぐ取り出せるようにしまっておくことが大事です。

学校で配られるプリントや、宿題のプリント、小テストの用紙、テスト用紙……どんどん溜まるプリント類を、子どもはどう整理していいかわかりません。でも、プリントをなくすと、復習ができないということになります。

学年が上に行くほど、プリント類をいかに整理するかで、成績も変わります。

低学年のころから身につけていれば、中学・高校と進むにしたがって、自分がいちばん活用しやすいように工夫していくことも簡単にできます。

この点に関して、わたしは自分の子どもたちに何もしてあげられませんでした。だから、もし子育てをやり直せるなら、子どもが小学校に上がったときに、プリントを入れるファイルか箱をいっしょに買いに行きたい、と思っています。

幸い、わたしの子どもたちは自分からプリントを整理するようになりました。パンチで穴をあけてファイルしたり、ノートに貼り付けたりして、きちんと整理するようになった途端、みるみる成績が上がっていったのです。

これには、わたしもびっくりです。どこで刺激を受けたのか、だれに教わったのか、いまだにわかりませんけれど。

おかげで、プリント類の整理ができたら、こんなにも成績が上がるのだと教えられました。娘が買ってくるまで、ルーズリーフ用の穴あけパンチがあることも、わたしは知りませんでした（いまでは子どものお古を愛用しています）。

小学校低学年ではなかなかひとりでできません。いまは１００円ショップなどでも、いろいろなグッズが売られていますので、ぜひ子どもといっしょに見に行って、自分で整理できそうなものを選ばせてください。

小さいときは、細かい仕分けはできません。それでも、箱かファイルを用意して、子どもひとりで整理できるようにしてあげてください。

見た目のきれいさを求めるのではなく、わかりやすく、何がどこにあるかわかるように、お手伝いしてあげてください。これも習慣化すると、成績は上がるし、整理整頓もできるし、いいことだらけですよね。

小さな習慣の積み重ねが子どもの将来をつくる

勉強があまり得意でない子どもには、いろいろなところで「意識の低さ」「注意力のなさ」を感じます。

当然といえば、当然かもしれません。問題文を注意深く読まずに解いたら、間違います。また、自分が間違いやすいところ、勘違いしやすいところを注意しなくては、いつまでも同じミスばかり繰り返します。

きちんとしたしつけをされている子は、塾に来たときにすぐにわかります。靴をそろえる、話の受け答え、月謝の出し方など、ちょっとしたことが違います。その差は、授業中の態度や勉強に、そのまま反映されます。

もちろん、あまり小さいころからガミガミと言う必要はありませんが、まったく何も教えないのもよくありません。教えて、そこに意識を向けさせることが大切です。

その後、意識しなくても自然にできるようになるのが「習慣」です。そうなると、本人も楽です。

でも、一度にたくさんの習慣を身につけようと思ったら大変。だから、**ひとつずつ簡単なものから身につけさせるようにしましょう。**たとえば小学校に入ったら、ランドセルは帰ってすぐに決まった場所に置く、など。最初が肝心です。

勉強の習慣も、小さいころから身についていると楽です。まずは、机に向かうことが大切です。

小学校でも中学校でもとても優秀で、学校や塾の授業を聞いているだけで、家ではあまり勉強しなくても、いつもトップクラスに入る子どもがいました。しかし、高校になってから成績は落ちていく一方。もとが優秀なので、教えるとすぐできます。でも、成績が上がらない。

なぜだろうと不思議に思っていると、どうやら家で復習をしていないのです。「復習をしないといけないよ」と言ってもやりません。それまで復習をしたことがなかったようです。なぜなら、復習しなくても一度聞いただけで解けていたから。

しかし、さすがに高校になったら内容は難しくなるし、習う量も膨大です。家で復習しなくては到底、頭に入りません。でも、家で勉強をする習慣がなかったので、家で机に向かうのが苦痛で仕方ないらしく、長続きしません。

いくら優秀で能力があっても、努力できなければ、努力している子に追い抜かれます。小さいころから毎日コツコツやってきている子は、苦痛なく、習慣で机に向かうことができるのです。

小さければ小さいほど、習慣は身につきやすいものです。高校生になってからでは、なかなかできません。努力している子にとっては当たり前のことが、苦行になるのです。毎日少しの時間だけでもいいので、机に向かう習慣を身につけさせるようにしましょう。

ちょっとしたお手伝いは一石三鳥⁉

勉強も大切ですが、お手伝いも、ぜひ積極的にやらせてあげてください。たくさんの利点があります。

1　家族の一員としての「責任感」をもてる
2　お手伝いを通して「体験」をすることができる
3　直接、勉強につながる「知識」がつく

責任感をもたせようと思うなら、何かひとつの仕事を毎日、子どもに任せてしまうことをおすすめします。

わが家では、お風呂のお湯入れを、幼稚園の年長から高校まで子どもたちに任せていました。夫が帰宅して、お風呂にお湯がないことを怒ったとしても、それは子どもの仕事だからと言って、わたしが代わりにすることはありませんでした。

子どもたちが小さかったころは、「お湯を入れる天才だね」なんて言って、おだてることもありました。実際、何年もやっていると、年間通して絶妙な温度に調整できるようになり、わたしが入れるよりはるかに気持ちよいお湯なのです。

いまでは離れて暮らしていますが、たまに子どもが入れたお風呂に入ると、昔のことも思い出し、なんとも言えない幸福感に包まれます。

料理のお手伝いは、物事を要領よくこなしたり、段取りを考えたりと、学ぶことがたくさんあります。保育園で子どもたちに玉ねぎの皮むきをさせたら、嫌いだった玉ねぎを食べるようになった、という話も聞きます。

何より、食事は生きていくうえで欠かせないものです。もし親が病気になったら、万が一のことがあったら、子どもはたちまち困ります。大学生や社会人になって、ひとり暮らしを始めたからと言って、いきなり料理を作れるようになるわけではありません。日頃からお手伝いをしていると、将来、子ども自身に役立ちます。

それだけでなく、勉強にもちゃんとつながります。

中3の数学を教えていたときのことです。「直方体の展開図を描きなさい」という問題で、変な図を描く子がいました。そこで、自分が描いた展開図を切り抜いて、実際に組み立ててもらったところ、その子はあまりのひどさに笑い出しました。

日頃見慣れない形なら、わからないのも理解できます。しかし直方体は、つまり普通の箱です。箱を平らにした経験がないのでしょうか？　聞いてみると、やはりまったくしたことがないそうです。

空になった菓子箱や段ボールなどをつぶす。それだけのことでも、箱が平らになったらどんな形になるかを知ることができます。実際に経験することで身につきます。

最初のうちは、手伝ってもらうだけでも手間がかかります。失敗もするでしょう。でも、すべて子どもの体験となり、そこから必ず学びがあります。そして何より、**子どもをお手伝いのエキスパートにしてしまえば、親が楽なんです！**

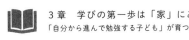

勉強ができる子とできない子の、家庭の違い

小さな子どもは、自分の家庭で起こっていることはすべて、どの家庭でも起こっていることだと考えます。家庭が100軒あったら、100軒すべての家庭が違うなどとは、みじんも考えません。

だから、自分のお父さんが、仕事から帰ったらビール片手にソファに横たわり、テレビばかり見ていると、世の中のお父さんはみんなそうしているのだと思います。お母さんが一日中テレビをつけっぱなしの家庭の子どもは、それが当然だと考えます。

一年365日、毎日子どもは親を見ています。

親が、時間さえあれば本を読んでいる、何か趣味に没頭している、仕事をしているといった家庭では、子どもは、それがどの家庭でも行われていると考えます。この違いが子どもに与える影響力は、非常に大きいものです。

わたしが家庭教師として見てきたなかでは、いい大学に入った子どもの家は、親の読む本、とくにビジネス書や新書などが他の家庭より多く並んでいて、マンガは他の家庭より少ない傾向にあります。

これは、親自身に勉強の習慣がついている（そして、マンガはあまり読まない）ことの表れです。こういう家庭では、子どもも「なんで子どもは勉強しなきゃいけないの？」「大人は遊んでいてズルい」なんて不満をもたないのではないでしょうか。

休みの日に出かける場所も違うようです。このような家庭では博物館や遺跡など、いろいろなところに子どもを連れていきますが、そうでない家庭のなかには、親みずからゲームセンターへ頻繁に子どもを連れて行く家庭もあります。

また、意外に思われるかもしれませんが、勉強

ができる子の家庭の食卓での会話は、親から勉強について話すことはあまりしません。子どもが自分から学校や友達の話をします。食事の最中に勉強の話なんかされたら、子どもはごはんがおいしく食べられなくなります。

ただし、楽しい勉強の話なら大歓迎です。たとえば、家族全員でことわざクイズや漢字の話などをすると、結構盛り上がります。親がクイズを出すより、子どもが出すほうが楽しくなります。

子どもは、自分が習ったばかりのことを親が知らなかったら、鼻をふくらませて意気揚々となり、他にも自分だけが知っていることはないかと、そのあとも新しく習ったことを話してくるようになります。

勉強がいちばん身につくのは、人に教えたとき。しっかりと理解し、頭に入っていないと教えることはできません。だから親が、少し出来の悪い生徒役を演じて質問をしてあげると、子どもは得意げに説明を始めます。説明するためにますます頭を整理し、より内容を定着させることができます。

ことわざなどは、大人でも間違えて覚えていることが多くあります。だから、お母さんの中には、そういう話題を遠ざける人もいます。でも、いっしょに調べたり、むしろ子どもに教えてもらえばいいのです。

子どもといっしょに楽しく勉強し、いっしょに成長していきましょう。

4章

「伸びる子」にするためのQ&A

子ども部屋は必要ですか？

小学校へ上がる前の子どもをもつお母さんから、「勉強机は必要ですか？」「勉強部屋が必要ですか？」と質問されることがよくあります。また、お母さんのなかには、成績のいい子は自分の部屋で勉強しているものだと思い込んでいる人が多くいます。

でも、そんなことはありません。勉強するのは、どこでも大丈夫です。勉強部屋の机でもリビングの食卓でもいいのです。大事なのは、本人がやりたいところ。子ども自身が集中できるところです。

無理にお金をかけて個室を作ったり、机を買ったりする必要はありません。むしろ、本人が望んでいないのにひとり部屋でさせると、孤独感や疎外感をもってしまう子もいます。そうなると、勉強に集中などできません。

それに、ひとりになると、机に向かってはいるけれどボーッとしているだけ、ということにもなりかねません。

勉強は「集中できるところ」でする。 これに限ります。

わたしの子どもたちも、小学校までは食卓で勉強していることが多く、主人が帰ってきたら子ども部屋に入る、というパターンが多かったように思います。

中学校に入ってからは、食卓で勉強することは自然となくなりました。問題集や参考書、資料や辞書など、学年が上がるほど必要な教材が増えていくので、自分の勉強机でするほうが便利になるのです。

高校生になると、家の中だけでなく、気分転換に図書館やカフェでも勉強していました。あとから聞いた話によると、「外で勉強してくる」と言って出かけて行っても、いつも勉強していたわけではないようですが。

でも、わたしは100％信じていたんですよ。実際、カフェで友達と無言で勉強している姿を偶然見かけたこともありますし、まったく疑っていませんでした。

いまとなっては、それで良かったかなと思っています。親から100％信じてもらえているなんて、子どももうれしいのではないでしょうか。

勉強する場所はどこでもいいのですが、本人がひとりで勉強したいと言って来たら、なるべく意に添うようにしてあげてください。家族の会話やテレビの音が邪魔になることもあります。

もちろん、家の事情で個室にするのは無理な場合もあります。そのときは机だけ別にして、音などは、家族みんなが協力してあげてください。

片づけが下手なのですが、勉強には関係ないですよね？

「片づけなさい！」。お母さんがよく口にする言葉です。勉強と関係ないものが乱雑に山積みされた机、ぐちゃぐちゃのお道具箱、芯が折れた鉛筆、消しゴムのない筆箱……これでは、勉強する以前の問題です。

そもそも、片づけは何のためにするのでしょう？

勉強するにも仕事をするにも、何をするにしても、いかに集中できるかがカギです。それには、まず道具がきちんとそろっていることが必要になります。「やるぞ！」と気合いを入れて始めようとしても、あれがない、これもない。探しているうちに時間がたってしまい、やる気はどこへやら。これでは、まったく充実どころではありません。

たとえば、あなたが料理をしようと台所に立つとします。そこで、まな板はどこだろう？　包丁もどこにあるかわからない。まず探すところから始めなくてはいけなかったら、どうでしょうか？　なかなか料理なんてできませんね。包丁やまな板の場所がわからない台所なんてないはずです。

勉強も同じなのです。「片づけなさい」と親に怒られて、しぶしぶ片づけをする子どもたちには、なぜ片づけをしなくてはいけないのか、片づけをする意味をしっかりと説明してあげてください。

わたしは子どものころ、定期テスト前に勉強をしなければいけなくなると、なぜだか引き出しの中が気になって、片づけを始めることがよくありました。

テスト勉強をしなくてはいけないときに、机の周りが気になる。片づけをしたくなる。そして、引き出しの中をごそごそと整理し始めたら、こんなものがあった、あんなものがあった、と夢中になる。

定期テストが終わってからやればいいのに、と自分でも思うのですが、テストが終わった途端、片づけなんてやる気はまったくなくなるから不思議なものです。同じような経験がある人は、結構多いのではないでしょうか。

でも、ふだんから引き出しの中を整理して、何がどこにあるかきちんとわかるようにしていれば、そもそもテスト前に片づけたくなることもないと思うのです。

正直に白状すると、わたしは自分の子どもたちに「片づけなさい」と言った覚えがほとんどありません。なぜかと言えば、わたし自身が、ちゃんと片づけができていなかったから。

でも、あるときから娘が自分でプリントを整理し始めて、部屋もきれいにするようになったら、成績が上がったのです。それを見て、やはり片づけは勉強にも大切なのだと思い知ったわけです。

現在は、子どもたちは2人ともひとり暮らしをしていますが、いまでも部屋の状態を見れば、勉強しているかサボっているかわかります。

仕事ができる人の机周りもきれいですよね。それと同じことです。ちゃんと意味を説明して、しっかり片づけのできる子どもにしてあげましょう。

子どもの質問に答えられないのですが、どうすればいいですか？

「これって何？」「どうして？」「なんで？」。子どもは本当によく質問します。疑問を持つことは勉強の第一歩。すごくいいことです。ちょっとうんざりすることもありますけれど……。

あるお母さんから、「子どもが、幼稚園に行くときに見かける鳥の名前を聞いてくるのですが、調べてもわかりません。どうしましょう？」という質問がありました。写真を撮ってインターネットで調べたそうですが、それでもわからないのです。

あなたも、子どもから質問があったら答えなければいけない、と思っていませんか？でも、何もかもお母さんが答える必要はありません。**答えるよりも、子どもといっしょに調べたり探したりするほうが重要です。**

お母さんだけが必死に答えを探すのではなく、子どもといっしょに図書館に行って百科事典を調べるとか、鳥の本を借りてみるのもいいですね。

本を見れば、探している鳥以外の鳥もわかります。鳥の生態などもわかるかもしれません。「あの鳥の名前は何？」というシンプルな疑問から、新たな知識がたくさん身につきます。

最近は、なんでもパソコンやスマートフォンで簡単に調べることができます。目的のものがすぐに見つかるかもしれません。でも、**まずは本で調べてほしいと思います。**

調べる方法もいろいろある、ということを子どもに教えてほしいのです。

答えを教えるのが大事なのではなく、疑問を持ったときに、それをどうやって解決するのか、どうやって正しい答えを導き出すのか、その方法を教えることが大切だと思います。

こんな言葉があります。

「いま食べるための魚をあげるのか、一生食べるのに困らないよう魚釣りの方法を教えるのか」

疑問をもったときに答えを探す方法を教えておけば、子どもがみずから探すようになるでしょう。また、新たな方法も見つけることでしょう。

お母さんたちには、子どもから質問が来たときはチャンスだと思って、いっしょに答えを探してほしいと思います。答えが見つからなくてもいいのです。調べること、探すこと自体が大切なのです。

これからは、コンピューターやロボットがますます活躍する時代になるでしょう。だからこそ、人間にしかできないことが求められます。

明確な答えの出ない問題を考える、調べる方法を探し出す、柔らかい発想を身につける……。これからの時代を生きる子どもたちには、そのような力が必要になってくるのではないでしょうか。

子どもの勉強をすべて見る必要はありますか？

親がいつも教えていると、ひとりで勉強できない子になります。親がいなくなった途端、解放感いっぱいで勉強しない子になります。

その意味で、ずっとつきっきりで勉強を見ることは賛成できませんが、最初にノートの使い方を教えたり、ときどき見てアドバイスしたりすることは必要ではないかと思います。

ただし、あまり自分自身のやり方を押し付けるのはお勧めしません。最近は脳科学や心理学、勉強の仕方も研究が進み、親の時代のやり方は古いこともあります。もっと効率がいいやり方や、能力を伸ばす方法があるかもしれません。

とくに、自分が実行してうまくいかなかったことを子どもにやらせるのは、やめましょう。「英単語を毎日10個ずつ覚えなさい！」と言うお母さん。あなたは学生時代にそれでうまくいきましたか？　子どもがやりたいと言うのなら別ですが。

わが家の場合、主人とわたしは性格も学年も違うのですが、2人とも高校生のときに某・通信添削講座で挫折した経験があります。毎月送られてくる教材は、ものの見事にたまっていく一方で、とうとうやめてしまったと笑い合ったものです。

この2人から生まれた娘と息子。これまた性格も違うし、勉強スタイルも違います。ところが、2人とも同じ通信添削をやってみたいと言うので、試してみました。

結果は予想どおり。2人とも、両親と同じように教材がたまっていく状態になりました。一家そろって挫折です。

ちなみに、その通信添削は、当時は高校生部門しかありませんでしたが、いまでは小学生からあります。ご近所の子どもが6年間やり続けたという話を聞いて、家族全員で尊敬のまなざし。「わたしたち家族って……」と大笑いしました。

何はともあれ、親の言いなりはよくありません。親の言うとおりに動く。そこに、子どもの思考を伸ばすものは何もありません。

また、大変なことがあったから勉強しなくていいとか、80点とれたら合格とか、勉強を限定するようなことはしないでください。勉強する子、伸びていく子どもに、わざわざストップをかけるようなものです。

失敗してもいいのです。そこから学ぶことはたくさんあります。

「できるのかな？」と親が疑問に思っても、本人がやりたいということはやらせてみてください。**親がやらせてくれないのと、自分がやってみてできないと実感してやめるのとでは、大きな隔たりがあります。**

子どもが自分で試してみて、いちばん適した勉強のスタイルを見つけることが重要です。

ノートが汚いと成績が伸びないって本当ですか？

ノートがぐちゃぐちゃで汚い子どもは、やはり勉強ができません。では、とてもきれいで丁寧であればいいのかと言うと、それだけでも困るのです。

まず、汚いノート。字があまりにも汚いと、自分でも読めません。筆算で縦の列が乱れていると、計算ミスをします。あとから見直しをしたり、単純ミスを防いだりするためにも、まずはきれいなノートをとることが大切です。

字を書いているうちに、だんだん文字が斜めになってくる子もいます。そういう場合、姿勢の悪さが原因であることも多いので、まずは背筋がまっすぐになっているかを見てあげてください。

ノートを文字いっぱいでギチギチに埋めるのも、あまりよくありません。あとから気づいたことや注意点を書きこめるように、空白を残しておくほうがいいでしょう。

次に、きれいに書いているけれど、学力アップの面から考えると問題点の多いノートというものがあります。

色ペンを豊富に使ってカラフルすぎるノートも、そのひとつです。かわいくてきれいなのはわかりますが、何が重要なのかが一目でわからないからです。3色ぐらいで色分けするのがいいと言われています。

また、字をきれいに書くことにこだわりすぎて、書くのが非常に遅くなるのも困りものです。最初は丁寧に書くことに重点を置いていいのですが、そのままスピードアップせずに中学・高校にまでなると、試験で制限時間内にすべての問題を解けない、という事態になります。

ある程度きれいに書けるようになったら、速く書けるように注意してあげてください。

汚いノートでも、きれいなノートでも、何のためのノートなのか、という点を考えることも大切です。ノートを作ることだけに専念していたり、黒板を写すだけで満足したりする子どもがいるからです。

学校に入ったばかりなら、もちろん写すことから始まります。しかし、学年が上がってからも、頭にはまったく入っていないのに機械のように書き写しているだけでは、意味がありません。

勉強ができる子はノートが違います。だからと言って、できる子のノートを真似しても、これまた意味がありません。

自分が覚えていないところはどこなのか、重要なところはどこなのか、どうすれば自分がいちばん覚えやすいのか。あとから見返すことを考えてノートを作るようにしましょう。

また、ノートを書きっぱなしにする子どもがほとんどですが、毎日見直す習慣を小さいころからつけておくと、成績の伸び方がグンと変わりますよ。

どこの塾がいいですか?

塾に関して、わたしのもとによく来る質問には、次のようなものがあります。

・将来どのような塾に入ればいいですか?
・現在通っている塾で成績が伸びないのですが、この塾で大丈夫ですか?
・塾を転々としているけれど、いいところが見つかりません

個別に質問を受けたときは、その子どもの成績や性格を考えて、どういう塾がいいか、いま通っている塾は合っているか、もっと適切な塾はどこかなどのアドバイスができます。

しかし、大勢がいる場で「どの塾がよいか」と質問されると、返答に困ってしまい

ます。なぜなら、**子どもによって、「いい塾（子どもの学力が伸びる塾）」というのは違うからです。**

お母さんたちは、優秀な子がたくさん通っているところが「いい」と考えます。わたしも、かつてはそう思っていました。でも、自分とあまりにもかけ離れた優秀な子ばかりがいる塾に通ってしまうと、子どもはやる気をなくします。

30点ぐらいしか取れない子どもが、90点とる子ばかりの塾に行くと、まず授業についていけません。「自分はどうせできない」という気になって、やる気になるどころか、あきらめて何もしなくなります。

だから、子どもより20～30％上の子たちが通っている塾がいいのではないかと思います。手が届きそうなレベル、が理想です。そうすれば、がんばろうという気力も湧いてくることでしょう。

そうは言っても、いちばん大事なのは、**子どもが「自分でもできるのではないか」と思える塾を選んであげることです。**

ある子は、成績順でクラスが分かれているような大手の塾から、4～5人しかいない、こぢんまりとした塾に変わりました。お母さんとしては、小さい塾なので不安だったそうですが、そこでトップになった途端、子どもは俄然やる気になって、バリバリと勉強し始め、どんどん成績が上がっていきました。

トップになってうれしくて勉強するタイプの子どもと、上に行った途端に「自分はできる」と過信して怠ける子どもがいます。子どもによって性格は違うので、お母さんがその子に合ったところを見極めるようにしてください。

塾のレベルも大切ですが、先生との相性もとても大事です。先生が大好きだと勉強も好きになります。教えるのが上手な先生で、子どもがその先生を大好きであれば、言うことありません。でも、なかなか見つかりません。

なかなか馴染めない塾で、いつまでも成績が伸びないと、子どもがつらくなります。塾を変えることを躊躇せず、根気よく、子どもにいちばん合う塾を探してください。

妹をいじめる息子のことが憎くて仕方ありません

同じ親から生まれ、同じ親が育てているのに、きょうだいがいれば、みんな性格が違うから不思議なものです。

「上の息子にはすごく腹が立ちます。妹のほうはかわいいのですけど。だからと言って、息子に愛情がないわけではないんです。でも、息子が妹をいじめていると憎らしくて仕方ないんです……」

このお母さんが憎らしいと語っているのは、小学校高学年の男の子です。わたしも、この子に勉強を教えながら、最初は性格が悪いのかと思っていました（先入観って怖いですね！）。

でも、だんだん慣れてくると、いたずらっぽくニッと笑うしぐさがかわいかったり、素直なところがあったりします。いい子だな、と思うようになりました。不思議なもので、かわいいと思って接すると、どんどんかわいくなります。反対に、憎たらしいなと思うと、ますます憎たらしくなります。

こちらの気持ちの問題でもあるし、それが子どもにも伝わって、ますます大人が思っているような態度になっていく、ということもあるように思います。ある意味で、子どもは大人の期待どおりの方向へ行ってしまうのです。

このお母さんに「素直でかわいい子ですよ」と伝えたら、「そんなことを言われたのは初めてです」と驚きながらも、うれしそうでした。それからは、子どもに対するお母さんの態度も、厳しさが和らいでいった感じがします。すると子どもも、ますます素直なかわいい子になっていきました。

きょうだいの上の子は、弟や妹ができると、それまで自分が独占していた親の愛情を奪われてしまったと感じます。親はどうしても下の子に手がかかるし、時間もかけてしまう。その分、上の子は放っておかれます。拗ねるのは当然のことです。

下の子が見ていないところで、上の子どもを抱きしめてあげたり、やさしい言葉をかけてあげたりしてください。そう言われて実際、幼稚園の子どもにやってみたお母さんの報告では、子どもがずっと言えなかった胸の内を泣きながら話してくれたそうです。

また、何人もの子どもがいれば、どうしても気が合う・合わないという違いが出てくるのも仕方がないこと。同じ話をしても、盛り上がる子どもと、いまひとつ反応がない子どもがいます。

同じ育て方をしているつもりだけど……と思うかもしれません。同じ自分のお腹から生まれてきたのに……と。でも、**子どもは親とは別の人格をもった、ひとりの人間です。**きょうだい同士も違った性格、違った感性、違った好みをもっています。

子育ては難しいです。きょうだいに同じ言葉を言っても、それぞれ受け取り方・感じ方は違います。でも、親の愛情がほしい、やさしくしてほしいという思いは、すべての子どもに共通です。

学校の先生からひどいことを言われてしまいました

世の中には、いろいろな人がいます。学校や塾の先生たちも多種多様。すばらしい先生もいれば、「ちょっとどうかな?」と思いたくなる先生もいます。気が合う先生もいれば、気が合わない先生もいます。

お母さんのなかには、先生の話は絶対だと思っている人もいますが、100%正しい話など、まずありません。そして、先生が100%正しいわけではないのと同じように、親の言っていることも100%ではありません(だから悩むところなのですけどね)。

この本の内容も、決して完璧ではありません。わたしの考えと合う人もいれば、少し違うと思う人もいるでしょう。人の数だけ、考え方や捉え方があります。

何年か前のことです。ある小学校5年生の子どものお母さんが、こんな話をしてくれました。

「学校の懇談会で、先生に『まったく授業について来られない。こんなバカな子は見たことがない』と言われました。自分の子がそんなに劣っているとは思っていないし、学校の授業についていけていないと考えたこともありません。普通に勉強できていると思っていたのに、なぜこんなことを言われなくてはいけないのか……。傷ついたし、子どもに腹が立って仕方がありません」

その日から、子どもを見るたびにイライラし、朝から晩まで怒鳴り散らして、自分を止めることができない、という相談にいらっしゃったのです。

でも、子どもを怒ってはいけません。こんなことになる前に、なぜ先生は連絡してくれなかったのでしょう？　一度授業についていけなくなったら、雪だるま式にわからないことが増え続け、どこをどうすればいいのかさっぱりわかりません。

いちばん困っているのは子どもです。それなのに、先生からはバカ扱いされ、親からは顔を見れば怒鳴られる。こんなことでは、勉強ができるようになるわけがありません。

親も先生も考えなくてはいけないのは、その子が勉強ができるようになるには、どうすればいいのか、ということです。

先生も人です。先生の言っていることは正しいときもあれば、間違っている場合だってあります。常に正しいことばかり言う人間などいません。

お母さんは、まずは子どもを信じてあげましょう。子どもの話を聞いていてあげましょう。でも、子どもの話が100％真実かと言うと、そうでもありません。だから、何があっても決して感情的にならず、周りの人に相談したり情報を集めたりして、偏ることなく冷静に判断することがいちばん大切です。

子どもに思わず「バカ」と言ってしまいました

言ってはいけないとわかっていても、言葉が口から出てしまうときはあります。あるお母さんは、朝の忙しいときに子どもがぐずぐずして、何度も注意するのにまったく聞かないので、頭に来て「バカじゃないの」と言ってしまったそうです。

あとから「言うんじゃなかった」と反省し、子どもに「さっきはごめんね」と謝ったところ、「僕もちゃんと幼稚園に行く用意をしなくてごめんなさい。これからはもっときちんとするね」と言ってくれたそうです。

世の中には、絶対に子どもに謝らないお母さんがいます。でも、親だってパーフェクトではありません。間違ったこともするし、感情的になることもあります。そんなときは、きちんと謝ったほうがいいのではないでしょうか。

そうすることで、この親子のように、子どもも素直に謝り、反省してくれるようになります。もし親が謝らなければ、子どもも意固地になって、きちんとしようなどとは考えもしないでしょう。

歳をとると体力はなくなり、体調は悪くなり、頭の回転も鈍くなります。そうなったときに、自分が子育てをしていたころに言っていた言葉が、子どもからそのまま返ってくるものです。

親にきついことばかり言われて育った子どもは、年老いた親に対して、ものすごくきついことを言います。「何やってんの！」「しっかりしてよ」「ちゃんとやりなさいよ」などと、40代・50代の子どもが70代・80代の親に向かって怒鳴っている姿をよく見かけます。きっと、親が昔そうやって怒鳴ってばかりだったのでしょう。

親も人間です。だから、言ってはいけないことが思わず口から出てしまったり、ついついきつい言葉を言ってしまったりすることもあるでしょう。

でも、**子どもだって人間です。人として謝るべきところは、相手が子どもであっても、ちゃんと謝ったほうがいいのです。**それが将来、自分に返ってくるのです。

お互いに素直に謝り合える関係ならば、どんなに歳をとってからでも、子どもといっしょに仲良く旅行したり、プレゼントを贈り合ったりできるでしょう。親子の立場が逆転し、頼もしい子どもに何でも任せられる、といった気分になるかもしれません。

自分が間違っていたときは、素直に謝る。他人とのコミュニケーションでは当然のことですが、親子になると、なかなかできない人もいるかもしれません。でも、すべて自分に返ってくるのだということを、どうぞ忘れないでください。

子どもの勉強について、だれに相談したらいいですか？

子どもについての相談相手と言えば、いまは「ママ友」との付き合いが大切になっていますよね。同じ年代の子どもをもつお母さん同士で、さまざまな情報交換ができて、とても役に立っていることでしょう。

とくに、同じ幼稚園・学校・塾に通う子どもがいれば、先生のことや学校での出来事など、子どもが話してくれなかったことを知る機会もあるかもしれません。

でも、勉強についてとなると、少し違った見方が必要です。

これまでずっとお伝えしてきたように、子どもの勉強の基本を作るのは家庭です。そして、家庭というものは、それぞれ環境や事情が大きく違います。すべての家庭は違う、と言っていいくらいでしょう。

だから、子どもの勉強について相談したり、アドバイスを求めたりするなら、子どもの家庭（＝あなたの家庭）となるべく同じ環境の人に聞く必要があります。

お母さん（あなた）は働いているか、お父さん（夫）の仕事は何か、きょうだいはいるのか。マンションか一戸建てか、住んでいる地域、あるいは祖父母と同居しているか、などなど。当然、経済的にも近いほうがいいです。

ママ友以外の知り合いが少ないなら、あなたの同級生のなかから探してみるのも手です。ただし、地元から都会に出ていると環境がかなり違ってきます。

環境が近くて、あなたから見て「子育てがうまくいっているな」と思える人を探しましょう。それは、子どもを見ればわかります。**子どもらしく元気いっぱいで幸せそうにしている子どものお母さんからは、たくさんのことを学べるはずです。**

決して成績だけで判断しないでください。どんなに優秀でも、お母さんはいつも口うるさい、子どもも元気がない、というのはいけません。

子どもの年齢は、あなたの子どもより5歳くらい上がいいでしょう。それより離れると、情報が古かったり、制度が変わっていたりする可能性があります。反対に歳が近いと、対抗心を燃やして何も教えてくれないこともあるので、要注意です。

親の年齢も意外と大切です。というのも、時代によって考え方も変わっています。

子育てに関する研究も進歩しています。たとえば、昔は抱きぐせがつくから赤ちゃんをあまり抱っこしないほうがよい、と言われていたこともありましたが、今ではそんなことは言われていませんよね。

インターネットのおかげで、いまでは日本中どころか、世界中のお母さんたちの話を知ることもできます。けれど、それらの知識や情報が、あなたとあなたの子どもにとって本当に役に立つのかどうか、それを見極めることを忘れずに。

子どもたちが育つ環境は、みんな違います。でも、人の数だけ子育ての事例があるのです。ひとりで思い悩むより、だれかに相談すれば、あっという間に解決することもあります。

ぜひ、いい相談相手を見つけて、あなたも子どもも楽しくハッピーになれる道を見つけてください。

おわりに

子育てをしているときは、これがずっと続くように感じていました。子育てが終わって思うことは、人生子育てをしない時間のほうがずっと長いということです。

ここまで読んでくださった方は、きっと子育てに熱心な、すばらしいお母さんだと思います。だから、この本で紹介したことは、すでに実践しているかもしれません。

それなのに、思うように子どもの成績が伸びないとしたら、ひょっとしたら、あなたの「がんばるポイント」がちょっとズレているのかもしれません。

何かするとき、話すとき、どうしたら楽しくなるか考えてみてください。どうやったら楽しく本を読んでくれるだろう。どうしたら楽しく勉強してくれるだろう……。楽しくすることを考えるだけで、お母さんも子どももずっと楽で幸せな気分になると思います。

子どものやる気を育て、勉強できる環境を作ってあげたら、あとは見守るだ

けです。 子ども自身がやる気になっているのですから、親がさらに強く働きかけることはありません。

究極のことを言えば、お母さんが子どもの勉強のためにしてあげられることは、掃除と料理だけではないかと思うのです。

おいしい料理ときれいな家。大人でも心が弾みますよね。それを用意してあげることが、子どもにとっていちばんの喜びになるのではないでしょうか。わたしも、息子の大学受験のときには、掃除ばかりしていた記憶があります（得意なわけではありませんでしたが）。

料理が苦手、あるいは掃除が苦手という人は、どちらかだけでもがんばってみましょう。働いているお母さんなら、休みの日だけでも構いません。お母さんが自分のために頑張ってくれている姿を子どもはしっかり見ています。

すぐに成果が出なくても、あきらめないでください。どんなことでもそうですが、努力が結果となって表れるまでには、時間がかかるのです。でも、どんなに時間はかかっても、子どもはかならず応えてくれるはずです。

今では、わたしは子どもたちから教わることばかりです。また、おいしいお店があるからと連れて行ってくれたり、行きたいところがあれば、子どもが事前の手配から、海外なら通訳係までを買って出てくれます。

自分ひとりでは思い悩むことも、子どもたちに話せば、「簡単だよ」とすぐ実現し、あっけにとられてしまいます。

そのような子どもからのちょっとした言葉や気遣いに、なんてわたしは幸せなんだろうと感じます。

ひとりでも多くのお母さんが仲の良い親子関係を築き、親も子も幸せな気持ちで満たされるよう心から願っています。

2016年12月

楠本佳子

楠本佳子（くすもと・よしこ）

広島大学附属福山高等学校、東京理科大学薬学部卒業後、研究所に勤務。家庭教師15年、塾講師4年ものキャリアをもつ。東大生と早大生を育てた自身の経験と塾や家庭教師で幼稚園児から高校生まで教えた経験、さらにはモンテッソーリ教育、コーチング、心理学、脳科学の成果をまとめた独自の指導法をもとに、未就学児や小学校低学年、さらに高校生の保護者に子どもの生活、しつけ、健康、学習、受験、塾の選び方、進路にいたるまで個別相談を受けている。また、子どもには成績を上げる学習方法のアドバイスを行っている。
相談者からは、「具体的な方法を教えてもらえるので、すぐに効果が出る」との声が多く寄せられている。
こどもみらい塾ホームページ
http://kuccumama.com/

本文・カバーデザイン／ISSHIKI
本文イラスト／神林美生

校正／円水社

12歳《さい》までに「勉強《べんきょう》ぐせ」をつける
お母《かあ》さんの習慣《しゅうかん》

2016年12月23日　初　版
2017年 4 月19日　初版第5刷

著者　楠本佳子
発行者　小林圭太
発行所　株式会社CCCメディアハウス
〒153-8541　東京都目黒区目黒1丁目24番12号
電話　03-5436-5721（販売）
03-5436-5735（編集）
http://books.cccmh.co.jp
印刷・製本　豊国印刷株式会社

Printed in Japan
ISBN978-4-484-16231-7
落丁・乱丁本はお取り替えいたします。